www.united-pc.eu

Der Krähenkönig

Manfred J. Deuss

für Ulla

Glück ist ein Gefühl, das vom Herzen kommt, dich erobert, und durch deinen Körper strömt. Doch Glück ist auch wie Wasser, man kann es mit Händen nicht greifen. Wenn du es trotzdem versuchst, rennst du mit geschlossenen Fäusten durchs Leben. Darum „fühle es mit deinem Herzen", und lass es fließen.

Zitat: Mario de Andrade

Wir haben zwei Leben, und das zweite beginnt, wenn du erkennst, dass man nur ein Leben hat.

Ich bin frei, frei von Allem was mich bedrückt hat, frei von allem, was mir Schmerzen bereitet hat, frei von Emotionen, frei von jeder Lebensrolle, die ich gespielt habe, frei von allen Zwängen, frei von allen Beschränkungen, frei von Unterwerfungen gegenüber jeglicher Autorität.

Ich fühle mich einfach frei!

Mein momentaner Zustand, ist ein Zustand der Euphorie, des Hochgefühls, der Hochstimmung, der Freude, der Leichtigkeit und der Zufriedenheit. Ich schwebe. Ich schwebe leicht wie eine Feder, die mich schon als Kind fasziniert hat, wenn ich ihr elegantes Schweben und Gleiten durch die Luft, beobachtet habe. Ich spüre weder die Luft, noch spüre ich ihren kaum bemerkbaren Widerstand. Ist das die Freiheit von der man redet, wenn man über Freiheit redet? Ein Jeder definiert den Begriff Freiheit anders, ein Jeder beschreibt diesen Zustand aus seiner momentanen Situation heraus, damit aus seiner Perspektive. Meistens geschieht dies aus einem Glücksgefühl heraus. Jeder fühlt die Freiheit anders, jeder will die Freiheit anders erleben, oder sie leben. Doch in Freiheit zu leben, ist nur ein Momentum, ist nur ein kurzer, gefühlter Augenblick. Für mich gibt es keinen kurzen, gefühlten Augenblick mehr, denn ich bin in der Unendlichkeit angekommen. Jetzt wird jeder Wissenschaftler sagen, es gibt keine Unendlichkeit, denn alles ist Endlich. Vielleicht ist nur alles Lebendige endlich? Ist die Seele lebendig?

In der Religion wird die Seele als unsterblich betrachtet, als ein existierender Teil des Menschen. Ist meine Seele jetzt ein Geist, eine Phantasie, ein nicht real existierendes Wesen mit Kräften, die übernatürlich sind?

Ich sehe diesen Körper unter mir friedlich daliegend, die Arme und Hände über der Brust verschränkt, mit einem glücklichen Lächeln im Gesicht. Ist es mein Körper, meine Seelenumhüllung?

Dies war also in den ganzen Jahren mein zu Hause. Eigentlich kein schlechtes zu Hause, denke ich, während ich diesen Körper betrachte. Nicht gerade ein Adonis, aber auch kein deformiertes Etwas, nicht gerade ein Modellathlet, aber doch mit kräftigen, sehnigen Muskeln. Ich habe diesem Körper sehr viel zugemutet, manchmal bis zur physischen aber auch bis zur psychischen Grenze, doch er konnte damit umgehen. Seine Kraft war für mich manchmal unvorstellbar. Doch auch die größte Kraft findet einmal ihr Ende. Irgendeinmal ist der Akku leer. Jetzt hast du ausgedient, jetzt benötige ich deine Kraft nicht mehr, denn jetzt bin ich frei, doch ein „Danke schön" für deine Gastfreundlichkeit, die du mir gewährt hast.

Warum läuft denn das Fernsehprogramm noch, frage ich mich, und will die Fernbedienung betätigen. Doch ich kann sie nicht greifen. Ich greife durch sie hindurch, wie ein transparentes, durchsichtiges und durchscheinendes Bild, liegt sie vor mir. Beim Dauerton des Telefons erschrecke ich, will den Hörer abnehmen, mich melden. Doch auch hier greife ich hindurch. Es ist, als ob ich in einer anderen Dimension bin, in einer Dimension, in der die physikalischen Gesetze außer Kraft gesetzt sind. Ich muss umdenken, noch ist es transzendental für mich, noch habe ich die Grenze der sinnlichen Wahrnehmung des Diesseits, nicht überschritten.

Abrupt endet der Dauerton des Telefons, und nur der Nachrichtensprecher im Fernsehen erklärt die Vorfälle, die sich in den USA, und in der Welt, ereignet haben. Ich höre zu, obwohl für mich diese Vorfälle nicht mehr relevant sind. Was interessiert mich eine Mordserie, was interessiert mich der Ausstieg aus dem Klimaabkommen, oder aus dem Atomabkommen mit einem Staat des Nahen Ostens. Was interessieren mich Strafzölle auf importierte oder exportierte Waren. Was interessieren mich politische Intrigen. Was interessieren mich Flüchtlingskrisen, die einer neuzeitlichen Völkerwanderung gleichen. Nur dieses Mal ist der Auslöser dieser Wanderung nicht der Einfall von vorderasiatischen Kriegshorden in der Frühzeit, es ist die Völkerwanderung einer großen Migrationsbewegung, hervorgerufen durch ideologische Kriege in den einzelnen Ländern, und durch falsche Entwicklungspolitik:

Auf Kosten der Steuerzahler durch die Welt jetten, mit dicken Schecks für den Präsidenten des jeweiligen Staates in der Tasche, und mit abgedroschenen Reden vor den Kameras der Weltpresse. Ist das eine Entwicklungspolitik? Mit Geld alleine ist die Welt nicht zu retten. Der Wille dazu, in Verbindung mit Geld, muss vorhanden sein, ohne Berücksichtigung oder Übervorteilung irgendwelcher religiöser oder anderweitiger ideologischer Ansichten. Die Liebe und Suche zur Weisheit sollten hier im Vordergrund stehen, wie auch der Wunsch nach Erkenntnis, nach dem

Ursprung des Seins, nach dem kausalen Zusammenhang der Dinge in der Welt.

Die Menschheit besteht aus zu vielen Phlegmatikern, doch es gibt auch Menschen, die für die Verbesserung der Welt zu begeistern sind, die motiviert sind, die aktiv sein wollen, die für ihre Ideale kämpfen wollen. Für diese Menschen, diese Aktivisten, ist es ein Kampf gegen ihre „Versklavung". Mit ihnen gemeinsam diesen Kampf zu bestreiten, ist es ein Kampf für die „Freiheit".

Ich höre jetzt, wie sich die Haustüre öffnet, und dann sehe ich sie, sehe sie mit erschrockenem Gesicht ins Zimmer kommen, sehe wie ihre Augen sich mit Entsetzen weiten, sehe sie zur Couch laufen, sehe sie meinen Körper umschlingen, und sehe wie sie weint. Ich sehe, wie sie das Gesicht streichelt, wie sie die Wangen zärtlich küsst, und ich höre nur ein einziges Wort: „Nein"! Wie gerne würde ich sie jetzt umarmen, diese liebe Person, diese Frau, die ich geliebt habe, und immer noch liebe. Mit jeder Faser des Körpers, der jetzt da liegt, habe ich sie geliebt, und manchmal, im höchsten Glücksgefühl, waren wir geistig Eins, wurden wir zu einem Wesen, wir wurden zu einem Körper, wir wurden zu einer Seele. Das waren im irdischen Leben die Momente der Freiheit, die Momente, die dir die Gefühle des Freiseins und des Friedens vermittelten, und die wir zusammen erleben durften.

Jetzt eine Umarmung, denke ich, jetzt ein fortküssen ihrer Tränen, jetzt einen Weg finden zu ihren Gedanken, einen Weg finden in ihren Geist, und alles würde so einfach werden. Ich würde ihr mein Freisein erklären, würde ihr diesen Zustand erklären und ich weiß, dass sie sagen würde: „Warte auf mich!" Ich würde ihr sagen, ich warte auf dich, würde ihr sagen, ich bin immer bei dir, und würde ihr sagen, ich liebe dich.

Doch ich kann sie nicht umarmen. Sie würde es nicht spüren. Ich würde durch sie hindurch gleiten. Ich tue es trotzdem, mit einer Behutsamkeit ohne Gleichen, denn mein Verlangen nach einer Umarmung ist groß. Also gibt es doch Emotionen in meiner Dimension, aber wenn es nur die Emotion der Liebe ist, ist es gut so. Ich küsse ihre Lippen, und trinke ihre Tränen. Hätte sie telepathische Fähigkeiten, könnten wir uns jetzt unterhalten, denn der Gedankenaustausch als Sprache ist in meiner Dimension üblich. Hier gibt es keine Sprache in dem Sinne, oder ein akustisches Reden. Hier gibt es auch den Begriff Zeit nicht. Zeit ist nur ein von Menschen definierter Begriff, der wie auf einer Skala, in Sekunden, Minuten, Stunden, Tage, Monate, oder Jahre, unterteilt ist. Zeit macht die Menschheit zur Geisel, denn alles wird nach zeitlichen Messpunkten ermessen und geregelt. Dabei ist Zeit nur eine Empfindung für eine Veränderung des Moments. Oder macht sich die Menschheit selbst durch die Zeit zur Geisel? In der Unendlichkeit ist Zeit nichts als Raum.

Ich kann also nicht feststellen, wie lange es gedauert hat, bis wieder die Tür aufgeht und meine Kinder das Zimmer betreten. Die Prozedur des Trauerns nimmt weiter ihren Lauf. Warum trauern, frage ich mich, wenn die Alle wüssten, wie schön das Gefühl der Freiheit ist, dann würden sie wahrscheinlich in Jubelschreie und Hosianna-Rufe ausbrechen. Mir fallen dabei die Begräbnisse in New Orleans ein. Das sind Jubelparaden, mit viel Musik und Fröhlichkeit. Die schwarze Bevölkerung dort stellt sich den Tod als Erlösung vor, als einen Eintritt in eine gerechtere Welt und hat damit, aus meiner Sicht, recht.

Da steht er, mein Ältester und versucht Trauer auszudrücken. Du kannst mich nicht täuschen, kenne ich doch dein aufgesetztes Gesicht, das gleiche Gesicht wie beim Tod deiner Mutter. Das gleiche Gesicht, wenn etwas Unerwartetes dich erreicht hat, was dir nicht in den Kram passte und was dich erschreckt hat. Du hast es aufgenommen ohne jegliche Regung, fast gelangweilt. Es ist dein Selbstschutz, den du immer und überall aufbaust, sei es privat, oder geschäftlich. Nur keine Emotionen zeigen, denn Gefühle zeigen könnte dein Bild von einem Mann, so wie du dir einen Mann vorstellst, wie ein Spiegel der zu Boden fällt, zersplittern lassen.

Mein Ältester, ein Egomane, ein Eigenbrötler, der sein Leben in Eigenliebe, bestimmt durch die Liebe für sich selbst, lebt. Du wolltest immer autark sein, wirtschaftlich unabhängig, und auch sonst von niemandem abhängig sein. Du hast es geschafft, doch in dieser Einsamkeit, die dich umgibt, möchte ich nicht leben, oder besser gesagt, gelebt haben. Junge, im Alter kommt das Leben, dein bisheriges Leben, wie ein Bumerang zu dir zurück. Was nützt dir deine finanzielle Unabhängigkeit ohne die Liebe anderer Menschen, ohne die Liebe zu einer anderen Person, ohne diese Liebe zu fühlen und zu spüre? Wie ist ein Leben ohne Liebe? Deine Meinung ist, dass alle Frauen hinter deinem Geld her sind. „Dann protze nicht so damit", mein Sohn, betrachte das Geld als notwendiges Übel, als notwendig zum Leben.

Ganz leicht fahre ich mit den Händen durch seine Haare und streichle ihm über die Wangen. Du bist trotzdem mein Sohn, auch wenn du diese kleine Zärtlichkeit von mir immer als abstoßend empfunden hast. „Lass das", hast du immer gesagt „lass das, ich bin doch nicht schwul".

Da steht sie, meine Tochter, klein und schmal, ein wenig zusammengesunken, fast das Ebenbild ihrer Mutter, nicht nur figürlich. Tränen suchen sich einen Weg über ihr Gesicht. Warum? Die letzten Jahre war ein stetiges Abwenden, ein Absondern von mir. Warum?

Ist dir meine Veränderung, meine Lebensumstellung, nicht bekommen? Bist du auf die Frau eifersüchtig, die mich liebt und die ich liebe? Bei einem unserer Telefonate, habe ich dir, in Anlehnung eines brasilianischen Poeten, gesagt: „Meine Seele hat es eilig". Hast du es nicht verstanden?

Ich wollte keine Proleten, keine ungebildeten, keine rohen Menschen mehr um mich haben. Ich wollte keine ewigen Junggesellen mehr um mich haben. Junggesellen deswegen, weil Saufen, wenig Körperpflege, schlechtes Benehmen in allen Varianten, und geistlose Gespräche ihr Leben bestimmen. Junggesellen, für die das weibliche Geschlecht nur als ein Objekt der Begierde, als ein Lustobjekt, in Betracht kommt. Ich wollte mich mit schöngeistigen, künstlerischen, liebenden, frohen, und positiv denkenden Menschen umgeben.

Während du, wie dein Bruder, neue finanzielle Projekte in Angriff nahmst, versuchte ich mein Leben angenehmer zu gestalten. Auch du hast dich geändert im Laufe der vergangenen Jahre. Deine Veränderung verlief anders. Deine Veränderung war die von einer lustigen, lieben, und jungen Frau, hin zu einer verhärmten, und geldgierigen Frau. Vielleicht deshalb, weil du nie die richtige Liebe zu einem Menschen kennengelernt hast? Nie den Mann, oder auch die Frau, kennengelernt hast, der, oder die dir die selbstlose, reine und bedingungslose Liebe schenkte? Ich hoffe, dass das noch einmal in deinem Leben passiert. Man ist nie zu alt dafür! Öffne dein Herz und lasse das Empfinden und das Fühlen zu. Ich werde dich noch einmal umarmen, und dir über den Rücken streichen, ganz behutsam und zärtlich, auch wenn du dies nicht fühlen kannst, oder vielleicht doch?

Da steht er, mein Jüngster, der von der Mutter ungewollte Sohn. Der immer als Betriebsunfall von ihr deklariert wurde, und der dadurch deklassiert wurde. Der in seinem bisherigen Leben nie die Liebe seiner Mutter gespürt hat, eine Liebe, die er immer wieder suchte. Der Hunger, und die Suche nach Liebe und der Zuneigung seiner Mutter, prägte ihn. Der in seiner Kindheit mit einem Lausbubenstreich nach dem anderen, und im Teenager-Alter, mit schon fast kriminellen Streichen, die Aufmerksamkeit auf sich ziehen wollte, nach dem Motto: „Schau her Mama, ich bin auch noch da"! Der in seiner Jugend alle bekannten Kinderkrankheiten hatte, und sie überstand. Der schon als Baby einen Darmverschluss hatte, und der dann auch noch Leukämie bekam. Der nach der Heilung, (welch ein Wunder) sein Leben für sich nur noch im positiven Sinne gestaltete. Der diese positive Energie auch ausstrahlte, und immer noch ausstrahlt. Der seine Lebenslust erkennen lässt. Der seinen Emotionen freien Lauf lässt. Der nie Reichtum als sein Lebensziel sah und sieht. Der sein Leben liebt, so wie es ist. Der auch jetzt seinen Gefühlen freien Lauf lässt.

Deinen Tränen schenke ich Glauben, mein Sohn. Du bist der Einzige, der ein paar Gene, ein paar Erbeinheiten, mehr von mir erhalten hat. Und ich schwebe zu ihm hin, drücke ihn noch einmal an mich, und flüstere ihm ins Ohr: „Bleib wie du bist mein Sohn"!

Die Türen im Haus stehen alle offen, und ich rieche den Duft von frischem Kaffee. Es wäre jetzt gut einen trinken zu können. Dieser wundervolle Duft, dieses Aroma, weckt in mir Gelüste. Ich schwebe in die Küche und sehe meiner Liebe bei der Zubereitung zu. Du denkst auch in deinem Leid noch an die Bedürfnisse der Anderen, denke ich, und streichele mit den Fingern über ihren Nacken. Das hat sie immer so gerne gemocht. „Du bist so zärtlich", waren ihre Worte dann, und ihre Augen strahlten dazu. Doch diese, sonst so strahlenden Augen, blicken jetzt traurig und sind mit Tränen verschleiert. Wie gerne würde ich jetzt zu ihr sagen: „Ich bin bei dir, lache, sei fröhlich, freue dich mit mir, dein alter Ackergaul ist jetzt frei von allem Weltlichen".

Alle sitzen jetzt am Tisch. Alle schauen sich gegenseitig an, doch niemand sagt etwas. Wozu auch, denn das einzige Erbe was ich hinterlasse, sind meine Liedertexte, meine Musik, meine Gedichte, meine Erzählungen. Was ich zu vererben habe sind meine Gedanken, die ich schriftlich niedergelegt habe. Ihr habt jetzt die Zeit dazu dies Alles durchzulesen, es zu analysieren, und mich dann, jeder auf seine Art, zu kritisieren, oder zu loben.

Vielleicht seht ihr mich dann mit anderen Augen.

Um Himmels Willen, jetzt bloß keine Diskussionen über mein Leben, über die Richtigkeit meiner Lebensführung, über das Gute, oder über das Schlechte daran. Ich weiß, ich hätte Vieles besser machen können. Dieses Wenn, Aber, und Hätte ist doch keine Unterhaltung mehr wert. All dieses Geschehene passierte zum tatsächlichen Zeitpunkt in der Annahme: „Es ist richtig was ich tue". Erst die Zukunft bringt es mit sich, ob die Vergangenheit richtig war. Würde man die Zukunft kennen, würde man versuchen in ihr zu leben, gäbe es keine Vergangenheit mehr. Zukunft wäre dann Vergangenheit und Gegenwart in Einem, dass Jetzt, das Hier, und das Heute.

Drei Männer sind es, die meine Aufmerksam erregen, drei Männer mit ernsten, würdevoll blickenden Gesichtern, und ganz in dunklen, fast schwarzen Anzügen gekleidet. Sie kommen mit dieser Holzkiste die kaum durch die Tür passt. Aha, denke ich, jetzt ist Eile geboten.

Ich schaue mir meine Lieben noch einmal an, umarme sie noch einmal zärtlich, gebe jedem einen Kuss. Mein Sein auf diesem Planeten ist jetzt abgelaufen. Ich werde in die Unendlichkeit des Raumes schweben, dort eintauchen, wo es keine Begriffe wie Zukunft, Gegenwart, oder Vergangenheit gibt. Es ist wie das Ende eines Anfangs. Ich betrachte noch einmal diesen Körper, meine Seelenumhüllung, und bedanke mich noch einmal für die Kraft, die er für mich aufbrachte, und für die Geduld, die er mit mir hatte.

„Danke mein Lieber, du warst der Tapfere und der Mutigere von uns Beiden".

Langsam und behutsam öffne ich meine Augen. Bin ich in der Unendlichkeit des Raumes angekommen? Schwebe ich jetzt als ein Wesen ohne Körper durch die Unendlichkeit?

Ich denke, ich atme, ich fühle, ich schmecke, ich höre, ich sehe, also lebe ich.

Ich sehe die bekannten Umrisse meines Schlafzimmers, meines Afrika-Zimmers, wie ich es nenne, die zwei Fenster, meine Skulpturen auf den Regalen stehen, und die Masken an der Wand hängen.

Ich höre das leise Flüstern einer Windböe, die ums Haus weht, und das Krächzen der Raben, die auf der freien Wiese vor meinem Haus nach Futter suchen.

Ich schmecke den schlechten Geschmack in meiner

Mundhöhle, da ich zum wiederholten Male vergessen habe, mir vor dem „zu Bett gehen" die Zähne zu putzen, und mit Mundwasser zu gurgeln.

Ich fühle wie immer, meine Lendenwirbel, die durch das lange Liegen steif geworden sind, schmerzhaft bei jeder Bewegung.

Ich atme, wenn auch pfeifend. Dieses Pfeifen entsteht durch die verstopften Bronchien, die durch das Jahrzehnte lange Rauchen sehr gelitten haben. Das „Japanische „Minze Öl", dass ich jeden Tag zu mir nehme, hilft, dass meine Bronchien wieder frei werden. Es ist wie ein Freihusten der Atemwege.

Ich denke, ...ich denke über diesen Traum nach, eine fast apokalyptische Vision. Ich lebe also, ich lebe in der Endlichkeit!

Ich träume nicht viel, und ich träume nicht oft, aber wenn ich träume, sind diese Träume so real, so plastisch, als wenn ich sie in der Wirklichkeit erlebe. Mir kommt dieser Traum wie ein gewaltiger und bombastischer Schlussakkord einer Oper von Richard Wagner vor. Es ist, als wenn mein Leben bisher der Anfang war und mit der Umstellung meines Lebens, dieser Anfang zu Ende ist. Eine neue Oper beginnt, eine neue Oper mit einer Ouvertüre als Einleitung für ein neues Leben, ein Leben bestehend vielleicht nur noch aus dem vierten Akt? Sollte es so sein, so werde ich diesen einen Akt, diesen vierten Akt, genießen.

Dieser Traum hat mir gezeigt, nur ein Leben im Jetzt ist

das wirkliche Leben. Doch die Vergangenheit ist hartnäckig. Ständig lauert sie in meinen Gedanken, und bei der kleinsten Veranlassung steht sie vor mir, breit, hoch, und gewaltig, als wäre der Koloss von Rhodos wiederaufgebaut. Ich sehe die Vergangenheit, ich höre sie, ich fühle sie in meinem Herzen. Es ist nicht einfach, sie ganz zu verbannen. Sie ist präsent, immer da, egal in welcher Situation ich mich befinde.

Es war einmal vor langer Zeit, da war der alte Mann noch jung. Ein junger Mann voller Dynamik, voller Elan, voller Freude, wissbegierig und neugierig auf das, was das Leben ihm zu bieten hätte. Es hatte ihm viel zu bieten, und er genoss es. Er genoss es mit vollen Zügen, ohne Kompromisse, ohne Fragen, und ohne Bedenken. Er sog es in sich ein, wie die Luft, die man zum Atmen benötigt. Er saugte es in sich auf, wie ein Schwamm das Wasser, und er lernte dabei. Er lernte von den Vorzügen der guten Zeiten, und er lernte auch von den Nachteilen der schlechten Zeiten, die im Laufe der Lebensjahre in den verschiedensten Situationen vorkommen und entstehen.

So wurde aus dem jungen Mann ein älterer Mann. Er lernte noch immer. Und aus dem älteren Mann wurde ein alter Mann, und, er lernt noch immer. Seine Wissbegierde und seine Neugier haben kein Ende gefunden. Das Feuer in ihm brennt noch mit der gleichen Glut wie früher. Die Flamme des Lebens lodert noch mit gleicher Stärke und Intensität. Geistig und physisch ist er gesund, wenn auch ab und zu einmal etwas Vergesslichkeit auftritt. Das einzige Indiz einer körperlichen Gebrechlichkeit ist sein Gehstock, mit dem er sich beim Gehen einseitig abstützt. Das sind die Auswirkungen einer Fraktur des linken

Schienbeines, die er sich vor vielen Jahrzehnten beim Sport zugezogen hatte. Sein linkes Bein ist etwas länger, bedingt durch eine zu starke Kallusbildung des Knochens beim Heilungsprozess. In seinem jugendlichen Leichtsinn tat er dies damals ab, und passte seine Gangart dem Zustand, der dadurch entstand, an. Die Folge war eine Beckenverschiebung, die jetzt, im hohen Alter, sehr schmerzhaft ist. Da half und helfen auch keine Einlagen in den Schuhen, da hilft nur ein chirurgischer Eingriff, und den will er sich jetzt nicht mehr antun.

Dieser alte Mann bin ich. Mein 98zigster Frühling, den ich erlebe. Ich liebe diese Jahreszeit, und betrachte sie als die Schönste aller Vier. Diesen Weckruf der Sonne an die Natur. Nicht nur an die Natur, sondern auch ein Weckruf für die Seele vieler Menschen.

Bei den ersten warmen Sonnenstrahlen erlischt die Fahlheit in den Gesichtern, die Augen erstrahlen wieder, und der Gemütszustand erlebt eine neue Blüte, eine neue Zuversicht. Negative Gedanken verschwinden. Das Positive gewinnt die Oberhand. Jetzt erst, im Frühling, beginnt ein neues Lebensjahr.

Auch mich hat dieser Weckruf der Sonne erreicht. Hinter dem Haus, es ist die Südseite, steht mein extravaganter Liegestuhl. Extravagant deshalb, weil ich ihn höher gelegt habe. Wie man ein Auto früher tiefer gelegt hat, so habe ich meinen Liegestuhl höher gelegt. Bis zur Höhe meines Hinterteils. Ich brauche also nicht in die Knie zu gehen, um mich hinzusetzen. Vom Design hergesehen, ist er nicht gerade für den ersten Preis bestimmt, aber richtig bequem. Das war vor zwanzig Jahren, als es anfing schwerer zu werden beim Aufstehen. Überhaupt habe ich vor zwanzig Jahren das gesamte Haus noch einmal renoviert. Altersgerecht hergerichtet, wie man sagt. Als wenn ich geahnt hätte, dass ich noch eine so lange Zeit vor mir habe.

Ich liege also, mit einer leichten Decke umhüllt, auf meinem Liegestuhl, recke mein Gesicht in die Sonne, und warte. Ich warte auf meine tägliche Unterhaltung. Lange warten muss ich nicht. Dann sitzt er plötzlich da, auf dem Pfosten, an der Ecke des Zaunes, mein Ramses.

Ramses ist ein Rabenvogel, eine Krähe. Größer als alle seine Artgenossen, pechschwarz, und mit einer unnachahmlichen, stolzen Körperhaltung. Seinen Kopf hat er nach oben gerichtet, und seine schwarzen Augen schauen stolz und klug zugleich. Ich würde Ramses unter tausenden von Krähen erkennen, hat er doch ein Zeichen einer Einmaligkeit. Zwischen seinen Augen ist ein kleiner, weißer Fleck, fast wie ein kleiner Stern. Wenn er seine Flügel ausbreitet, ist es so, als wenn er die ganze Welt umarmen wollte.

Ich habe in meiner Kindheit einmal ein Abbild von Ramses des Zweiten gesehen. Diesen ägyptischen Pharao, dessen Augen ebenfalls schwarz und dunkel, und trotzdem wie kleine Grillkohlestückchen glühten, oder zu glühen schienen. Der seinen Stolz zeigte, mit einer Selbstverständlichkeit, die schon an Blasphemie grenzte. Dieser Ramses II. der, nach der Schlacht von Kadesch, mit den Hethitern den ersten Friedensvertrag der Geschichte erwirkte. Seinem Volk verkaufte er diesen Friedensvertrag als einen totalen Sieg. Er regierte sehr

lange, und erreichte für die damalige Zeit ein hohes Alter.
Man kann sagen, der Methusalem unter den Pharaonen.

Meinen Ramses habe ich schon kurz nach seiner Geburt
kennengelernt. Ich habe ihn beobachtet, wie er Jahr für
Jahr größer wurde, und seine Artgenossen bald überragte,
und ich habe bemerkt, wie er in der Rangfolge des
Schwarms immer höher stieg. Seine natürliche Neugier
nutzte ich aus. Legte überall kleine Essensreste aus, und
sprach mit ihm, ruhig, ohne Hektik. Es dauerte lange, bis
ich sein Vertrauen erhielt, und dann plötzlich, fraß er mir
aus der Hand, während ich ruhig auf ihn einredete. Ich
wurde zum Vogelflüsterer, und ich war so stolz darauf.

Es war die Zeit, in der sich die Einsamkeit breit machte.
Viele Nachbarn um mich herum starben. Künstler und
Politiker, die mich seit meiner Jugend begleitet hatten,
starben. Der Kreis um mich herum wurde immer enger.
Er zog sich immer enger zu, gefühlt zumindest.

Ein kleiner Satz, zwei Flügelschläge, schon sitzt Ramses
neben mir auf der Lehne des Liegestuhls, schaut mich mit
seinen schwarzen Augen durchdringend an, öffnet seinen
Schnabel, und knabbert ganz zärtlich an meinem
Ohrläppchen. Das tut er immer, wenn wir uns zum ersten
Mal am Tag sehen.

„Hallo, alter Mann".

„Guten Tag, König Ramses, was gibt es Neues draußen
in der Welt?"

„Bin etwas sauer, alter Freund. Unser bester Futteracker

ist verschwunden. Dort an der großen Fabrik. Es wird eine große Halle errichtet, und der Platz davor wird zubetoniert."

„Hast du schon eine Alternative für den verlorenen Platz gefunden?"

„Nein, noch nicht. Die schönsten und besten Plätze, die wir hatten,

sind schon verbaut. Die Menschen sind Egoisten. Ihr denkt nur an euch, und ihr verschwendet keine Gedanken an die Umwelt und an die Tiere. Ihr ordnet alles dem finanziellen Fortschritt unter. Geld ist für euch das Wichtigste. Das ist euer größter Gott. Eure Raffgier und eure Habgier, ist eure größte Dummheit, und mit dieser raffgierigen Dummheit, werdet ihr euch einmal selbst vernichten."

„Es steht geschrieben: Macht euch die Erde untertan, Ramses."

„Wenn untertan machen Vernichtung heißt, dann solltet ihr eure Ideologie ablegen und schnell umdenken, alter Freund. Mit eurer jetzigen Ideologie gehört ihr nicht auf diesen Planeten. Es ist doch pervers, sein eigenes Heim aus zu plündern, es zu Grunde richten."

Ramses, mein Krähenkönig, redet sich, während er von einem Beinchen auf das andere Beinchen trippelt, so langsam in Rage, stelle ich fest. Aber, steckt da nicht ein Fünkchen Wahrheit in seinen Anschauungen? Stammen wir von diesem Planeten ab? Sind wir nur ein abartiger

Zweig in der Geschichte der Evolution? Oder sind die Menschen die Nachkommen intergalaktischer Nomaden? Sind wir selbst den Alien, vor deren Erscheinen wir uns so fürchten? Macht euch die Erde untertan, plündert sie aus, und dann ab zum nächsten Planeten?

„Deine Überlegungen sind angebracht", höre ich Ramses sagen, als könnte er Gedanken lesen, während ich mir meine Pfeife stopfe, und den Tabak dann entzünde. Es beruhigt mich. Mit 95zig habe ich wieder das Rauchen angefangen, das ich mit 75zig aufgehört hatte.

„Das Rauchen tut dir nicht gut, alter Freund".

Ramses sagte es in einem vorwurfsvollen Tonfall, der mir immer noch sehr bekannt vorkommt, obwohl die Stimme, die dazu gehörte, schon seit Jahren erloschen ist. Ich habe sie geliebt, diese Stimme, und den dazu gehörenden Menschen. Es war meine letzte Liebe, die allergrößte Liebe, die ich mit unheimlicher tief gehender Intensität erlebt habe.

Im fortgeschrittenen Alter seines Lebens, in dem die Jugend sich immer weiter entfernt, in dem die Leidenschaft sich in Sinnlichkeit wandelt, in dem Worte nicht nur gesprochene Worte sind, in dem sich die Qualität des Lebens einen anderen Weg sucht, in diesem Alter die große Liebe seines Lebens zu spüren, das ist in meinen Augen Glück.

Ramses, der Gedankenleser, hüpft aufgeregt auf meine Schulter, nickt bejahend mit seinem Kopf.

„Jeder Mensch ist der Träger seines eigenen Glücks, alter Mann. Manche Menschen tragen es wie ein Rucksack auf ihrem Rücken. Sie können es deshalb nicht sehen. Andere Menschen tragen es vor ihrer Brust, wie eine Babytragetasche, und sie sehen es auch nicht".

„Wer ist wohl von den Beiden der Blinde, Ramses?

„Entscheide du, mein Freund".

„Weißt du, ich hatte mir damals einmal überlegt, was wäre, wenn? Was wäre, wenn ich allein zurück bliebe auf dieser Welt? Ausschlaggebend war ein Traum, den ich einmal an einem Mittwoch gehabt hatte. Ich nenne ihn seitdem nur noch „meinen Mittwochstraum", denn wenn mir manchmal die Erinnerungen kommen, denke ich immer noch an sie und diesen Traum".

– Eine endlose Wüste aus Wasser um mich herum, und ich paddle in einem Kanu ganz allein, und nach meinem Empfinden, stundenlang, gegen eine starke Strömung an. Keine Möwe am Himmel. Nur ein einzelner Albatros segelt erhaben ständig über meinen Kopf. Ich habe das Gefühl, keinen Meter vorwärts zu kommen. Kleine Nebelschwaden hindern mich an einen Weitblick, und doch sehe ich, wie plötzlich, aus dem Nichts, ein riesiger Eisberg auf mich zukommt. Während ich krampfhaft versuche, diesen Eisberg zu erreichen, bildet sich aus seiner Spitze, die haushoch ist, ein Antlitz. Aus den verschleierten Konturen entsteht langsam das Gesicht der Frau, die ich liebe. Wie verzweifelt versuche ich, mit mächtigen Paddelbewegungen, diesen Eisberg zu erreichen. Umso mehr ich paddle, umso schneller schmilzt dieser Eisberg. Er wird immer kleiner, und löst ich dann ganz auf. Nur noch wenige Wellen sind es, die mich erreichen. Aus diesen Wellen bilden sich große Tentakel, und der Körper eines Kraken taucht aus dem Meer auf. Immer mehr Tentakel umschlingen jeden Zentimeter meines Körpers, langsam, fest, heftig, und doch irgendwie zärtlich. Ihre Saugnäpfe fühlen sich an, wie Lippen, die mich küssen, und ich verspüre eine unheimliche Befriedigung und Genugtuung in mir. Und dann formt sich aus dem Körper der Krake die Gestalt der Frau, die ich liebe, die mich lächelnd, mit strahlenden Augen ansieht, und..........ich werde wach. –

Ich habe mir von einem Traumdeuter, so nannte ich ihn, eine Analyse geben lasse, und dieser Mann deutete diesen Traum so:

– Die Wüste aus Wasser stellt das Leben, das Alltägliche dar. Es ist geregelt, ist eine Monotonie, aus der man (Mann) kaum noch ausbrechen kann. Jeder Tag, jede Woche, alles gleicht eins dem anderen. Da ist keine Energie, keine Kraft, dagegen anzugehen. Von oben, wie der Albatros, schaut man auf dieses Dilemma. Man weiß um die eigene Situation, und doch findet man aus eigener Kraft keinen Ausweg. Da kommt die Person, meine Liebe, in Erscheinung des Eisberges, ins Spiel, als die Frau, nach der ich so viel Sehnsucht habe, die immer da sein soll, bei der ich mich mehr als wohl fühle, bei der ich zu Hause bin, die ich unendlich liebe. Aber, je mehr ich mich anstrenge, diese Beziehung, als eine normale Beziehung zu sehen, je mehr Besitzanspruch ich stelle, weil man ja liebt, je mehr ich festzuhalten versuche was ich liebe, desto mehr Distanz ist da. Es schwindet immer mehr vom eigentlichen, tiefen Gefühl der Liebe, und dadurch schwindet auch immer mehr der Eisberg mit dem Antlitz von ihr. Manche Dinge sind doch anders, als wir mit unseren Augen sehen können. Manche Sachen kann man mit den Augen nicht sehen und erfassen, und doch sind sie da, weil man sie spürt. So sind die Tentakel der Krake da, die erst Angst und Schmerzen auslösen. Doch dann merkt man, dass die Berührungen und Umarmungen ein Gefühl der Zuneigung sind, und einem gut tun. Ihre Aussage ist: „du brauchst keine Angst zu haben, auch wenn du mich nicht immer siehst, ich bin da, ich bin bei dir. Vertraue auf deine Liebe, und vertraue mir.-

Als die Stimme dieser Frau verstummte, nahm sie einen Teil meines Herzens und meiner Seele mit in die Unendlichkeit. Danach nahm die Einsamkeit und die Leere wieder Besitz von mir. In meiner tiefen Traurigkeit war kein Platz mehr für Vergnügungen, oder für anderweitige Aktivitäten. Ich wurde wieder zum Einsiedler.

„Es ist doch ganz egal Ramses, ob man 100 oder 120 wird, mit Rauchen, oder ohne Rauchen. In meinem Alter rechnet man jeden Tag damit, dass der eingebildete und arrogante Sensenmann auftaucht".

„Ich glaube, ich sollte ein wenig auf dich aufpassen, wenn du es selbst nicht mehr tust".

„Lass mir mein Vergnügen, alte Krähe. Es ist eh das Einzige, was ich noch habe".

„Warum dieses Selbstmitleid, alter Mann? Selbstmitleid ist der Anfang vom Ende".

„Tue ich das? Ich stelle nur fest, dass ich alt bin, uralt bin, allein bin, einsam bin."

„Du bist nicht einsam, alter Freund. Du hast einen großen Bekanntenkreis und viele Freunde, die dich achten. Du bist ein gern gesehener Gast bei Festen, die du mit deinen Anekdoten aus deiner langen Lebenszeit erst zu einem Fest machst. Du hast mich, hast meine Schar. Du bist nicht einsam!"

„Man kann auch einsam sein mit vielen Bekannten."

„Du meinst also, ein Alleinsein besteht auch dann, wenn ein großer Bekanntenkreis vorhanden ist?"

„Richtig, Ramses. Du gehst spazieren, triffst Bekannte, Nachbarn, aber es ist nur ein kleiner Plausch, oft nichtssagend, einfach daher gesprochen. Du gehst ins Haus, das Haus ist leer. Es ist niemand da, der es mit seiner Liebe füllt. Du gehst ins Schlafzimmer, siehst dein riesiges Bett, leer, auch wenn du die Nacht darin verbringst. Es ist niemand da, der dir seine Wärme und Zuneigung schenkt. Ich denke nicht nur an Sex. Du sitzt am Küchentisch, zum Mittagessen. Es ist niemand da, mit dem du dich austauschen kannst. Da kannst du noch so lecker und raffiniert kochen, das Essen schmeckt nicht. Du liegst am Abend auf deiner Couch, trinkst ein Glas Wein, und schaust ein mieses Programm im Fernsehen an. Es ist niemand da, mit dem du darüber diskutieren kannst, mit dem du ein wenig kuscheln kannst, mit dem du Lachen kannst, mit dem du Wärme und Zärtlichkeit fühlen kannst. Ich nenne dies, das Alleinsein mit leerem Herz."

„Veto! Dein Herz ist nicht leer, dein Herz ist voll von Liebe, übervoll, alter Freund. Nur, diese Liebe zu verschenken, das ist nicht mehr so wie früher. Du hast viel Liebe in deinem Leben verschenkt. Du hast deinen Kindern viel Liebe gegeben, deinen Frauen und deinen Freunden."

„Und die habe ich alle überlebt."

„Ja, und das ist vielleicht dein Problem. Die eine Kammer deines Herzens quillt über, die andere Kammer, die, die erhaltene Liebe

speichert, die ist leer. Das Gleichgewicht des Gebens und des Nehmens ist nicht mehr vorhanden. Dadurch entsteht das, wie du es nennst, Alleinsein mit leerem Herz."

„Ist das nur mein Problem, oder ist es das Problem aller alter

Menschen?"

„Ich fürchte, alter Freund, das ist das Problem aller

Menschen. Auch die Jugend hat dieses Problem, nur, sie versteckt es, oder nimmt es noch nicht so wahr, wie alte Menschen."

„Das Privileg der Jugend, Ramses."

„Ja, das Privileg der Jugend. In der Jugend sucht man das Abenteuer, man lebt leichtsinniger, man findet schnell Kontakt, und man verliebt sich schneller. Auch das schnelle vergessen ist ein Privileg."

„Da hast du Recht, das schnelle Leben, die schnelle Umwelt, alles ist in der Jugend auf Entdecken, auf Abenteuer, Neues und Wachsen aufgebaut, und dabei passieren nun einmal Dummheiten."

„Warst du dagegen gefeit, alter Mann"?

„Nein Ramses, ich denke, dass ich in meiner Jugend, wie alle anderen auch auf Entdeckungsreise ging. Manchmal ohne jede Rücksicht auf andere. Ich habe schlimme Sachen gemacht, dumme und noch dümmere Sachen. Verschiedentlich habe ich verantwortungslos gehandelt. Doch im Alter wird man weise, denn die Weisheit kommt langsam, und nimmt ganz langsam Besitz von einem Menschen. Man erhält diese Weisheit nur durch die an Lebenserfahrung gewonnene Klugheit, und die dadurch erworbene Reife. Hat nicht ein kluger Mann einen gewaltigen Spruch gesagt?

„Die Summe unserer Fehler, ist unsere Erfahrung. Hoffentlich schlägt irgendwann unsere Erfahrung die Summe unserer Fehler", meintest du dieses Zitat"?

„Meine ich Ramses, aber es gibt allerdings auch Menschen, die nie, trotz ihres Alters, über den Tellerrand hinwegsehen wollen, oder können. Menschen, die trotz ihrer Erfahrung, sich nicht vom gelebten und geliebten Trott ihres Lebens abwenden wollen, oder können".

„Das wäre in meinen Augen, ein Zustand der Teilnahmslosigkeit, der Interessenlosigkeit, der extremen Lethargie, ein Zustand des sich „Gehen lassen".

„Das sehe ich auch so, Ramses. Ich will noch nicht, und gehöre auch nicht, zu dieser Kategorie Menschen. Ich finde, dass mein heutiges Leben wie in einer Manege stattfindet. Nur ist die Manege klein, sehr klein. Und doch ist mein Zirkus die Welt, mit allem, was sie bietet, und ich bin der Dompteur, d.h., ich will der Dompteur sein. Das nenne ich „über den Tellerrand hinwegsehen".

„Bravo, alter Mann, Chapeau, von dir das zu hören, liebe ich. Auch im Alter neue Wege zu suchen, und zu finden, dass sollte doch für das Abenteuer Leben ein Anreiz sein. Lass deine, noch vorhandene Energie, strahlen. Nutze sie positiv, in geistiger, sowie in emotionaler Art und Weise".

„Ich bin der Dompteur meines Lebens, Ramses, so denke ich verschiedentlich. Das gefühlte Glücklichsein und die Liebe, die ich immer noch in mir trage, bestimmen meinen Tagesablauf. Ohne dies, wäre ich wie ein ausgedörrter Brunnen am Rande einer Wüste. Meine Seele würde unbewohnt und trocken sein. Der feine Wüstensand würde die Oberhand gewinnen, und der Wüstenwind meine Seele zuwehen. Ich stelle mir meine

Seele als Oase vor, einen ruhigen, entspannten Ort, ein fruchtbares Gebiet mit Wasserstellen, in der man die Lebensqualität mit erfrischendem Wasser auffüllen kann".

„Hört sich gut an. Aber ist es vielleicht eine Täuschung von Sinneseindrücken deiner Erlebnisse, deines Erlebten oder gar Utopie"?

„Du meinst, eine Illusion, Ramses, eine bestimmte Selbsttäuschung".

„Ja, ist es vielleicht eine gedankliche Scheinwelt von dir"?

„Warum sollte ich mir in meinem Alter noch eine Scheinwelt aufbauen? Meine Manege ist gleichzeitig meine Welt, und in dieser Welt

verarbeite ich die Eindrücke, die mir die große, weite Welt, zukommen lässt".

„Also doch eine gedankliche Scheinwelt, alter Freund".

„Vielleicht doch, aber ich ärgere mich nicht über das, was ich tue. Im Gegenteil, es amüsiert mich oft, und in der letzten Zeit immer mehr. Ich amüsiere mich zum Beispiel über die Menschen, über die Dummheit vieler, und über diejenigen, die von Demagogen, den Aufwieglern und Populisten beeinflusst werden, bzw. sich beeinflussen lassen".

„Also lehnt kein Teil deiner Gedanken deine momentane Lebensweise ab"?

„Nein, Ramses, ich verspüre keinen Widerstand in mir. Ich trage auch keinen Groll gegen irgendetwas, oder gegenüber irgendjemanden, in mir. So verarbeite ich meine Einsamkeit, und die Leere in mir".

„Hart gegen dich selbst"?

„Hart gegen mich selbst. Mit den Jahren wurde die emotionale und auch körperliche Härte immer stabiler. Ich wurde dadurch immer härter mit mir selbst".

„Warst du der Meinung, dass das so sein muss?", alter Freund.

„Bis zu einem gewissen Punkt muss das so sein, vielleicht ist es auch nötig".

„Aber gibt es nicht viele andere Wege mit Achtsamkeit stark zu werden"?

„Gibt es, Ramses, aber dieser Weg lässt einen selbstbewusster und stabiler als Mensch werden, und sein. Allerdings verliert man durch die erzwungene Härte die Selbstliebe. Hast du mal Schmerzen, Angst,

oder fühlst dich krank, spürst du Verachtung für dich selbst".

„Aber, entfremdet man sich dadurch nicht von sich selbst?", alter Mann.

„Wieder einmal hast du recht, Ramses, mental entfremdet

man sich von sich selbst. Man denkt sich: War ich, oder bin ich meinen Glaubenssätzen hörig? Es gab zu dieser Zeit in meinem Kopf nur ein Gedanke: „Ich will unbedingt funktionieren."

„Das kann in einem Selbstmord enden".

„Ja Ramses, kann es, denn das Selbstwertgefühl und das Selbstbewusstsein leiden sehr darunter".

„Warum warst du so?"

„Ich wollte es allen und jedem zeigen, dass ich funktioniere, dass ich auch allein den Alltag meistern und besiegen kann, dass ich auch ohne Liebe mein Leben gestalten kann. Für mich war es der letztmögliche Weg, oder ein letztmögliches Mittel, ein „ultimo Ratio", zur Durchsetzung meines Zieles, um, wie sagtest du vorher: Auch im Alter neue Wege zu finden".

„Aber du musstest es niemanden mehr zeigen. Du hast selbst gesagt, es ist niemand mehr da, mein Freund".

„Ich hatte es mir selbst zu beweisen, alte Krähe, nur mir selbst, denn auch ich bin jemand, oder nicht? "

„Verzeihung, alter Freund, natürlich bist du jemand. Durch dich habe ich die Menschen besser kennen gelernt, habe gelernt, dass der Mensch auch viel Einfühlungsvermögen haben kann. Ein Mensch mit

so viel Empathie ist ein guter Mensch".

„Fast mit dem gleichen Wortlaut habe ich diesen Satz schon einmal gehört, Ramses".

„Vom wem"?

„Vor deiner Zeit, mein Lieber, lange vor deiner Zeit".

„Erzähle mir davon".

„Nebenan, Ramses, im Haus nebenan. Dreißig Jahre Nachbarschaft. Die bestand aus fast täglichen, und alltäglich belanglosen Gartenzaungesprächen. „Wie geht`s" - „Alles gesund" - „Schönes Wetter heute" - „Heute muss ich Rasen mähen" usw. Dann starb nach fast sechzigjähriger Ehe der gute alte „Wolfi", und seine Frau stand ganz allein da. Sie tat mir leid, und ich versuchte ihr Trost zu geben, denn ich kannte ja dieses Gefühl, plötzlich niemanden mehr zu haben. Aus normalen Gartenzaungesprächen wurden ernstere Gespräche, verbunden auch mit lustigen Anekdoten aus meinem Leben. Ich sagte immer zu ihr, wenn es ihr besonders schlecht ging: „Humor ist, wenn man trotzdem lacht". Irgendwann einmal, hörte ich dann diesen Satz von ihr: „Du bist ein guter Mensch, denn nur gute Menschen strahlen so viel Empathie aus".

„Wundervoll, alter Freund, und wie ging es weiter"?

„Sie starb ein Jahr später. An Einsamkeit, glaube ich, denn bei all unseren Gespräche hörte ich immer die Sehnsucht nach ihrem verstorbenen Mann heraus. Aber ich glaube, dass dieses Einfühlungsvermögen mit viel

Eigennutz verbunden war".

„Weil du selbst allein warst, weil du selbst, vor lauter Einsamkeit, Kontakt gesucht hast? Aber du hast es fertig gebracht einen Kontakt zu knüpfen, alter Mann. Andere Menschen ziehen sich ganz zurück, suhlen sich im Selbstmitleid, und jammern auf hohem Niveau. Du sagtest doch „über den Tellerrand hinwegsehen".

„Nur, der Rand des Tellers wird immer höher, alte Krähe".

Ramses hüpft aufgeregt von einem Bein auf das andere, legt seinen Kopf etwas schräg, und schaut nervös, so scheint es mir, ins Weite.

„Komme gleich wieder, alter Freund, ich muss für Ordnung sorgen. Wenn Kinder flügge werden, ist enorme Aufmerksamkeit gefordert".

Ein paar kurze Trippelschritte nach vorne, ein Flügelschlag, und Ramses erhebt sich in die Lüfte. Dabei streift sein linker Flügel mein Gesicht. Es fühlt sich wie ein Abschiedsstreicheln an. Ich schaue zu, wie sich der ganze Schwarm auf sein Kommando hin erhebt, und fast im Formationsflug davonfliegt.

Ja, wenn Kinder flügge werden, denke ich, und kann mich noch ganz schwach daran erinnern, als ich dieses Problem hatte. Da war Toleranz gefragt, da waren Diskussionen an der Tagesordnung, und später dann die Erkenntnis, dass man vom Vater zum Freund mutierte. Man muss auch loslassen können war die Erkenntnis, und trotzdem mit Rat und Tat zur Seite stehen. Wie schnell doch die Zeit vergangen ist. Ich muss schmunzeln, denke ich an meinen ersten" fast Schwiegersohn", als meine Tochter ihn als ihre große Liebe vorstellte. Wie er mit hochrotem Kopf, fast schamhaft, seinen Namen stotterte. Tauchte da nicht bei mir etwas Eifersucht auf? Ein junger Schnösel, mit pickeligem Gesicht, und noch grün hinter den Ohren, nahm mir meine Tochter weg.

OK, das Wegnehmen sehe ich heute natürlich anders. Aber damals hat sich dieses Gefühl eingestellt.

Ich sehe noch das verlegene Gesicht meines Sohnes bei der Vorstellung meiner, fast, ersten Schwiegertochter, auch hier hatte ich ein komisches Gefühl. Doch hier machte sich, anstatt Eifersucht, ein gewisser Stolz breit, hatte er doch einen verdammt guten Geschmack, zumindest, was das äußere Erscheinungsbild seiner Eroberung betraf. Aber nach der zweiten, dritten Vorstellung eines zukünftigen Schwiegersohns, oder einer zukünftigen Schwiegertochter, war es dann schon etwas Alltägliches, und meine Frau und ich schlossen Wetten ab über die Zeitspanne eines solchen Verhältnisses.

Ich fröstele leicht. Die Sonne ist zwar wohlig warm, aber der leichte Wind, aus dem Osten kommend, bringt ein wenig Kälte mit sich. Na ja, der Jüngste bin ich ja nicht mehr. Früher hätte ich um diese Jahreszeit, mit kurzer Hose und nacktem Oberkörper, ein Sonnenbad genommen. Aber ein Sonnenbad wie früher, tut meiner Haut nicht mehr gut. Ziehe also die leichte Decke bis über den Oberkörper hoch, strecke nur mein Gesicht der Sonne entgegen, schließe meine Augen, um ein kleines Nickerchen zu machen.

„Hallo, alter Mann, höre ich dann plötzlich Ramses Stimme, kleines

Schläfchen am hellen Tag"? und dabei knabbert er wie immer an meinem Ohrläppchen.

„Muss wohl eingeschlafen sein, Ramses, hast du dein Problem gelöst?"

„Siehst du die kleine Schwarze, ganz am Ende vom Zaun? Dort sitzt mein Problem. Meine Älteste, die immer frecher und renitenter wird. Die wächst mir langsam über den Kopf".

„Ramses, wie warst du in diesem Alter?"

„Na ja, es stimmt schon, auch ich versuchte meinen

Willen durchzusetzen".

„So ist die Jugend, Ramses!"

„So ist nun mal die Jugend, alter Freund".

„Ein bisschen Ehrerbietung, Unterwürfigkeit und Respekt vor dem Alter, sollte man immer haben. Man kann trotzdem seinen Stolz behalten, damit bricht man sich keinen Zacken aus der Krone!"

„Genau das versuche ich ihr beizubringen. Respekt haben, aber trotzdem seinen Stolz haben, und behalten. Ich habe meinen Vater als Vorbild akzeptiert, und im Stillen auch bewundert, obwohl ich es nie gezeigt habe. Wie er seine Schar geführt hat, dass löst immer noch Bewunderung bei mir aus. Er war ein stolzer „Ramses der Erste".

„Auch ich habe meinen Vater bewundert, allerdings erst viel später. Ich war selbst schon Vater. Da habe ich erst gemerkt, was es heißt, eine Familie zu gründen. Was für einen Mut, was für einen Elan, nach einem verlorenen Krieg, das Land in Schutt und Asche, eine Familie zu haben, und sie durch all diese Entbehrungen zu lotsen. Genügsamkeit war damals das erste Gebot. Zufrieden zu sein mit dem, was man hat. Wenig kann so viel sein".

„Hast auch du diese Werte deinen Kindern weitervermittelt, alter Freund?"

„Ich habe es versucht, Ramses, aber ich glaube, irgendwo auf der langen Straße des Lebens ist der Sinn des Wortes, und damit auch der Begriff Genügsamkeit, bei ihnen abhandengekommen".

„Was ist stattdessen da"?

„Meiner Meinung nach beherrscht die Raffgier jetzt das Leben. Aber nicht nur ihr Leben. Überall auf der Welt wird gerafft. Man könnte der Meinung sein, ein jeder will mit einem riesigen Raumschiff, in dem der ganze Reichtum Platz hat, gen Himmel fahren. Doch der abgedroschene Spruch „das letzte Hemd hat keine Taschen", muss doch auch bei diesen Leuten spätestens beim letzten Atemzug, angekommen sein". Doch dann ist es für dieses Leben zu spät".

„Bei dir scheint der Begriff Genügsamkeit sehr tief verwurzelt zu sein, alter Mann".

„Wenn du die Nachkriegszeit erlebt hast und überlebt hast, dann ist dieses Wort sehr tief in dir drin.
Denke ich an meine jetzigen, finanziellen Möglichkeiten, kleine Rente, kleine Hilfe vom Staat, dann ist diese Genügsamkeit der notwendigste und lebenswichtigste Arzt für mich. Meine Devise lautet, ich bin noch gesund, habe ein Dach über meinem Kopf, und ich werde satt, auch mit Bratkartoffeln und Brathering".

„Also kein überspannter Lebensstil?"

„Ich brauche nicht die Überspanntheit im Lebensstil, Ramses, aber es ist nicht einfach bei der Feststellung, dass eine Erziehung über die Jahre hinweg, den Kampf gegen die Dekadenz, verloren hat. Mein Haus, meine Yacht, meine Pferde und mein Auto, hat gesiegt. Protzen statt Klotzen ist die neue Devise, auch wenn es nur die Bank möglich macht, die dich im Zweifelsfalle, verhungern lässt".

„Da hast du recht, alter Mann, die Bank ist immer der Sieger, wie in den Spielcasinos auf der ganzen Welt".

„Auch der Satz „Ohne Moos, nichts los" galt, und gilt auch heute, für mich nicht. Auch ohne Moos kann der Mensch sich eine wunderbare Welt aufbauen".

„Wie denn, alter Freund?"

Es gibt so viele Möglichkeiten, ich möchte sagen, unbegrenzte Möglichkeiten und eine Vielzahl von Möglichkeiten, um sein Leben interessant zu gestalten".

„Spielt das Alter dabei eine Rolle?"

„Nein, sage ich, Ramses, das Alter spielt keine Rolle und das Geld spielt keine Rolle, denn Beides sind im Endeffekt nur Zahlen. Geld macht das Leben einfacher, leichter, das wissen und erfahren die Menschen. Doch der Grad deines „Glücklichseins", oder deines „Zufriedenseins", liegt ganz tief in deinem Inneren und nur du allein kannst es selbst bestimmen. Das ist eine Grundeinstellung zum Leben: Das Glas ist halb leer oder es ist halb voll. Ich habe immer versucht ehrlich zu sein, lehnte und lehne Arroganz, und die Abgewogenheit, ab, denn dies ist mir zu viel Schein, und wenig Sein".

„Ziehst du deshalb jetzt eine solche Grimasse, alter Mann?"

„Mein Rücken, Ramses, mein Rücken und die Schmerzen in meiner Hüfte. Eine kleine, unvorsichtige Bewegung, wenn ich wüsste welche, und schon klemmt ein Nerv. Das tut höllisch weh".

„Alter Mann, das sind wohl Abnutzungserscheinungen, oder"?

„So sagen es die Ärzte, mein Freund, und die Götter in Weiß haben wohl immer recht. Ich komme mir so langsam vor, als wenn ich ein lebendiges Fossil wäre".

Vorsichtig rücke ich meinen Rücken in eine andere, bequemere Lage. Dabei fällt mir eine Episode aus den 70ern ein. Ewig lange her, aber ich glaube, der Hexenschuss damals, war der Beginn meiner andauernd, anhaltenden Rückenschmerzen.

Der Schuss der Hexe war ein Volltreffer. Ich konnte mich nicht mehr aufrecht fortbewegen, ging mit der Geschwindigkeit einer Schnecke, und wie ein halb aufgeklapptes Taschenmesser. An der Wand gelehnt, stand ich damals in der Kneipe meiner Frau, als plötzlich die Tür aufging, und ein früherer Musikkollege mit einem freudigen Aufschrei, als er mich sah, auf mich zukam, mich umarmte, und an sich drückte. War das eine Wiedersehensfreude. Allerdings nur von seiner Seite. Ich verspürte einen wahnsinnigen, kurzen Schmerz, und schrie laut auf. Mein Freund schien dies ebenfalls als einen Freudenschrei zu halten, und drückte noch mehr. Ich hätte ihn erwürgen können. Aber nachdem er mich wieder losließ, war die Hexe verschwunden. Die wundersame Heilung meines Rückens wurde in der Kneipe schon fast wie ein neuntes Weltwunder empfunden.

Ich erinnere mich auch noch an die Katastrophe auf der Bühne. Wie ein kleines, buntes Zirkuspferd hüpfte ich im Rhythmus der Musik über die Bühne, und lag dann plötzlich flach auf dem Boden. Mein erstes Gefühl: „Jetzt bist du gelähmt", spürte ich doch von der Hüfte abwärts, meinen Körper nicht mehr. Es war, als ob ich keine Beine und Füße mehr hätte. Im Krankenhaus renkte man mir den Rücken wieder ein, gab mir eine schmerzstillende Spritze, und am nächsten Tag stand ich wieder auf der Bühne. Nur, wie ein kleines, bunter Zirkuspferd hüpfte ich nie mehr.

„Warum grinst du so, alter Mann"?

„Ich habe mich gerade an eine Episode aus meinem Leben erinnert, Ramses".

„War die so lustig?"

„Im Nachhinein schon, aber damals dachte ich, jetzt bist du gelähmt,

jetzt hat es dich erwischt. Weißt du, wenn du dich nicht mehr rühren kannst, kommen schlimme Gedanken, und ich konnte mich damals nicht mehr rühren".

„Warst du sehr krank, alter Freund"?

„Krank kann man das nicht nennen. Es war halt ein Nerv

im Rücken, und den spüre ich auch heute noch, immer wieder. Die Ärzte sind der Meinung, Bewegung hilft, doch bewege ich mich zu sehr, schmerzt mein Rücken, bewege ich mich zu wenig, schmerzt mein Rücken ebenfalls. Was tun sprach Zeus".

„Ich war noch nie krank",

„Dann hast du das große Los gezogen, Ramses. Wenn ich so überlege, kann ich von mir das Gleiche behaupten. Knock on Wood, ich klopfe mir an den Kopf. Als Kleinkind war mein Körper wie ein Magnet für Kinderkrankheiten. Ich glaube, alle Krankheiten, die ein Kind bekommen kann, habe ich bekommen. Vielleicht hat dadurch mein Körper so viele Abwehrstoffe entwickelt, dass es für den Rest des Lebens ausreicht, gesund zu bleiben".

„Hast du nie Angst gehabt, einmal krank zu werden"?

„Doch, Ramses, aber erst im Alter. In der Jugend zerbricht man sich darüber nicht den Kopf. Da herrschen die Leichtsinnigkeit und die Leichtlebigkeit über dein Leben. Erst im fortgeschrittenen Alter, nachdem ich erkannt hatte, dass ich nur ein Leben habe".

„Und wie hast du es erkannt"?

„Ich habe mich nach meiner zweiten Scheidung zurückgezogen, fast schon als, oder besser gesagt, wie ein Eremit. Habe mein bisheriges Leben an mir vorbeiziehen lassen, habe dabei festgestellt, es war ein unruhiges, hektisches, und turbulentes Leben, ein Leben von Höhen und Tiefen geprägt, vor allen Dingen, es war ein ungesundes,

exzessives Leben. Ein Leben voller alkoholischer Exzesse, ein Raucherleben, ein Leben mit ungesunder Ernährung, mit wenig Schlaf. Wenn die Erinnerung kommt, Ramses, fühlt sie sich an wie eine Sintflut, oder wie ein Tsunami, der einen überrollt".

„Aber du kannst die Vergangenheit nicht mehr ändern. Für dich war dein Leben, was du damals geführt hast, zu dieser Zeit, dass einzig richtige Leben".

„So ist es, Ramses! Heute denke ich so darüber: „Verarbeite deine Vergangenheit, profitiere davon in der Gegenwart, damit du in der Zukunft leichter leben kannst". Ich versuche es zu zumindest, aber einfach ist es nicht, obwohl ich immer noch an eine Zukunft denke".

Langsam und bedächtig stopfe ich meine Pfeife, und zünde den Tabak an. Ein wenig muss ich schmunzeln, denn ich sehe meinen Krähenkönig, wie er seinen Kopf zur Seite neigt, wie er mit seinen Augen blinzelt, wie sein Schnabel auf und zu geht, und wie er aufgeregt von einem Beinchen auf das andere hüpft.

Ich liebe diese Zwiegespräche mit ihm. Nimmt er mir doch ein bisschen von meiner Einsamkeit. Ich liebe auch das Zwitschern der Vögel, ihre Flugshow, die sie ab und zu veranstalten, ein Formationsflug mit allen Kunstfiguren, die ein Kunstflieger können muss. Ich beobachte ein Amselmännchen, welches sich mit seiner Auserwählten, in meinem Apfelbaum ein Nest gebaut hat.

Ich kann mich nicht satt sehen an zwei niedlichen Eichhörnchen, die im Nachbargarten beheimatet sind, und den langen Winter gesund überstanden haben. Wie sie mit putzigen Gesten den Morgen begrüßen, über den Rasen flitzen und blitzschnell den Baum hochklettern. Und dann ist da auch noch der Kater meines neuen Nachbarn. Ein putziger, junger Kater, der manchmal schnurrend um meine Beine streicht und gestreichelt werden möchte. Ich sehe die Pflanzen wachsen, wie sie zu neuem Leben explodieren. Früher habe ich all diese kleinen Sachen übersehen, sie als nebensächlich betrachtet, einfach als gegeben betrachtet. Doch all dieses Leben um mich herum gehört jetzt zu meinem Leben. Es gibt mir die Gewissheit, dass ich nicht allein bin, nicht einsam bin, sondern in der Mitte eines pulsierenden Lebens stehe.

All diese Gedanken gehören wohl zu einem Prozess, um seine Vergangenheit zu verarbeiten, um immer weiter in seiner Persönlichkeit zu reifen. Im Alter stellt sich automatisch dieser Prozess ein.

„Was heißt hier, Verarbeitung der Vergangenheit, alter Mann, ich verstehe das nicht ganz."

„Jeder nimmt seine Vergangenheit anders wahr, Ramses. Ich habe es aufgegeben, meine Vergangenheit in Kategorie „gut", oder „schlecht" einzustufen. Auch die Fragen: – was wäre, wenn ich –, oder – wäre ich einen anderen Weg gegangen, wäre dann vielleicht –. Für mich ist meine Vergangenheit wie ein abendlicher Sternenhimmel. Jeder glitzernde und blinkende Stern ist eine Episode und ein Erlebnis gewesen, ein Abenteuer im großen Abenteuer Leben. Da war das Fernweh in jungen Jahren, da war die Suche nach der Liebe einer Frau, einer großen Liebe, und da war auch die Suche nach dem bedingungslosen Erfolg. Was ist wohl besser Ramses: das Warten auf den großen Erfolg, oder sich über jeden kleinen Erfolg zu freuen"?

„Du meinst: sich nach jedem kleinen Korn, das man aufpickt, zu freuen, anstatt auf ein großes Fressen zu warten!"

„Ein guter Vergleich, alte Krähe. Was bringt ein großer Erfolg, ohne Rücksicht auf andere, wenn du dann einsam und allein dastehst, das Miteinander nicht gelebt wird. Die rücksichtslose Dynamik des „Schneller-Weiter-Höher-Mehr", diese brutale Dynamik, sollte ihre Wurzeln verlieren. Sie macht die Menschen gefühlsarm, kalt und einsam. Dabei ist der Mensch von Natur aus „ein soziales Lebewesen".

„Aber ist das nicht in den Genen der Menschen verankert, alter Freund. Meine Intuition sagt mir, dass diese rücksichtslose Dynamik niemals aussterben wird. Dieses Gen tragt ihr in euch, auch wenn einer wie du, jetzt im Alter, anders denkt und handelt".

„Vielleicht liegst du mit deiner Annahme richtig. Bei der letzten großen Pandemie sah es zumindest fast so aus. Die meisten Menschen hielten sich an die Vorgaben der Wissenschaftler und der Regierung. Sie rückten näher zusammen, wenn auch zwangsläufig. Das haben sich die Menschen vorher sicher nicht vorstellen können, doch es war notwendig und möglich. Man sah leere Straßen, manche Innenstädte waren wie ausgestorben. Kinderspielplätze, Schwimmbäder, Parks und auch die Autobahnen ohne Menschen und Fahrzeuge. Ein Szenario, als hätte ein völlig verrückter, und durchgedrehter Hollywood – Drehbuchautor es kreiert".

„Doch dieses Szenario war kein Film?"

„Nein Ramses, es war real, dieser Stillstand war real. Es war kein Film, es war das große Erwachen im Lebensfilm des Einzelnen. Man wusste plötzlich nicht mehr an was, oder an wen, man sich anpassen sollte. Unser -uns-geht-es gut-Gefühl- verhärtete sich plötzlich, bekam einen Riss. Unsere Alltagsroutine, unsere übertriebenen Sorgen, und auch unsere überzogenen Wünsche wurden sichtbar".

„Wie ging es weiter, alter Freund?"

„Es gab Leute, die diese Krise verharmlosten, und es gab auch die, die sie dramatisierten. Mir war nie bewusst, wie viele Virologen es im Lande gibt, und vor allen Dingen, wie viele unterschiedliche Meinungen von der absoluten Wahrheit sprachen, jeder wusste es besser. Und dann gab es noch diese s.g. Hobby-Virologen mit ihren Fake-News im Internet. Das soziale Netzwerk, wurde zum asozialen Netzwerk, da auch die unmöglichsten Verschwörungstheorien und Unmengen von Hasstiraden auftauchten. Für diejenigen, die ganz links standen, lag die Schuld bei der Einsparpolitik im Gesundheitssystem, für die ganz Rechten waren es die Flüchtlinge, die Ausländer, die das Virus einschleppten".

„Das ist ja spannend und interessant, erzähle mir mehr davon".

„Es gab auch die, die mit der Krise vernünftig umgingen, keine Panik aufkommen ließen, und die näher zusammenrückten. Das war der größere Teil. Die Vernünftigen wurden noch vernünftiger, und die Netten wurden netter. Krankenschwestern, Verkäuferinnen, überhaupt das ganze Dienstleistungsgewerbe, wurden in dieser Zeit, für einen flüchtigen Augenblick, zu Stars der Gesellschaft. Junge Leute wurden zu Samaritern, denn sie versorgten die Alten. Man erfand zwar die Nächstenliebe nicht neu, aber man stellte sie ganz vorne an. Es war, als ob sich die gesamte Menschheit runderneuerte, für diese Zeit, zumindest der Teil, den ich kannte".

„Wie bist du mit dieser Krise umgegangen?"

„Ich ließ in mir keine Panik aufkommen. Zu dieser Zeit war ich verliebt, ich liebte aus tiefstem Herzen, und ich wurde geliebt. Wir rückten noch näher zusammen. So machte mich die verordnete Einsamkeit d.h., die Ausgangsbeschränkungen, oder der Sicherheitsabstand, nicht noch einsamer. Diese Schutzzäune der Seuchenbekämpfung wurden durch Zweisamkeit eingerissen".

„Die Liebe hat dich also die Einsamkeit vergessen lassen?"

„So kann man es wohl sagen, Ramses. Ich war damals 20

Jahre jünger, und gehörte zur s.g. Risikogruppe. Es starben aber auch überwiegend viele Menschen dieser Altersgruppe. Sogar in manchen Altersheimen trat dieses Virus in Erscheinung, und auch hier starben die Menschen, trotz Pflege, Versorgung und Vorsorge. Als die Pandemie abklang, hatte es zuerst den Anschein, als wenn alle positiven Geschehnisse bleiben würden, und sich in den Köpfen der Menschen eingeprägt hätten. Aber nach einiger Zeit ging das Leben wieder zum alten Trott über. Viren gab es nur noch im Computer, und die unsinnig ewigen Debatten über die Erderwärmung standen an erster Stelle. Der Wettlauf um die Zahl vor dem Komma, hatte wieder begonnen, die Ellenbogen-Gesellschaft hatte wieder das Kommando übernommen".

„Nichts dazu gelernt also. Habe ich doch recht mit meiner Vermutung,

dass ihr alles dies in euren Genen verankert habt".

„Ja, irgendein Gen, ich nenne es das „Vergesslichkeits-Gen", übernimmt dann wieder das Kommando, Ich nenne es wohl besser das EGO- Gen, und das ist fest in der menschlichen DNA verankert".

„Vielleicht gelingt es eurer Wissenschaft dieses EGO-Gen zu finden und, schnippst, schon ist es entfernt. Das wäre mehr als nur den Nobelpreis, wert. Vielleicht erleben wir Beide es noch".

„Vielleicht, Ramses, denn dann wäre das Leben auf der Erde angenehmer. Auf jeden Fall angenehmer als momentan. Mein Rücken, Ramses, ich brauche Bewegung. Werde jetzt aufstehen und mir mein Essen warm machen. Auch deine Schar wird etwas unruhig. Die haben bestimmt großen Hunger, also auf mit euch zur Futtersuche"

Ramses große, unergründliche tiefe und schwarze Augen, schauen mich an, und ich habe den Eindruck, dass er nickt. Dann legt er seinen Kopf zur Seite, ein kurzes, kräftiges Krächzen ertönt, und wieder erhebt sich die ganze Schar in die Luft, als wenn sie auf seinen Befehl gewartet hätten. Ich höre noch ein leises „bis später, alter Freund", und dann sind sie fort.

Ein bisschen mühevoll drehe ich mich auf die Seite, ziehe die Beine an, in die s.g. Embryostellung, und erhebe mich, um dann mit „schnellen und elastischen" Schritten ins Haus zu gehen. Kleiner Scherz von mir, denn mit etwas Humor im Kopf, lebt es sich besser.

Die kleine Unordnung in der Küche übersehe ich beflissentlich, finde ich doch den Topf mit der

Tomatensuppe vom gestrigen Tag sofort, steht ja auch auf dem Herd. Normalerweise räume ich in der Wohnküche, im Wohnzimmer, und im Gang immer auf, oder zumindest, so gut wie regelmäßig. Es könnte jemand überraschend kommen. In den anderen Zimmern räume ich so gut wie nie auf. Es geht mir nicht um die Ordnung, sondern um Funktionalität und Praxis im Alltag. Sobald sich meine Abläufe aber durch die Unordnung einschränken, mache ich mich auch hier, wenn auch mit Widerwillen, ans Aufräumen. Vor Jahren war das noch anders, bevor die körperlichen Schwierigkeiten anfingen Überhand zu nehmen. Zuerst hatte ich im Sinn, mir eine Putzhilfe ins Haus zu holen. Aber mein Budget ließ es nicht zu. Außerdem benötige ich meine noch vorhandenen Kräfte zum Kochen, Waschen, Bügeln und Einkaufen.

Wo ist denn mein Brot, ich hatte doch noch einen Kanten Graubrot. Ahh, wer suchet, der findet. Es liegt da, wo es nicht immer liegen soll, nämlich neben dem Brotkorb. Verdammt hart geworden ist es, da bleibt mir nur das Eintunken in die Suppe. Mit nur noch ein paar Beißern im Mund, kann man hartes Brot nicht kauen. Wie sagte die gute Frau Köhler vor Jahren zu mir, meine damals junge Zahnärztin, die mit den aristokratischen Gesichtszügen, die lieber Künstlerin geworden wäre:

„Es wird langsam Zeit für sie, ohne Zähne gibt es kein gescheites Essen mehr. Ich werde einen Kostenvoranschlag für einen Zahnersatz machen, denn den werden sie bald benötigen".

Ich hatte noch nie einen Schlaganfall, aber nachdem ich

diesen Kostenvoranschlag durchlas, und den Preis sah, traf mich mein erster Schlaganfall. Fast wäre ich vom Hocker geflogen. Kein Zahnersatz, dachte ich, niemals kann ich mir das leisten, wer soll das bezahlen. Somit laufe ich bis heute mit ein paar Zahnstummeln im Mund herum, und meine gute Frau Köhler, jetzt ebenfalls ein wenig in die Jahre gekommen, fragt mich nicht mehr, sondern schaut mich nur noch fragend an, und runzelt die Stirn wie eine Oberlehrerin. Ich sollte bald mal wieder einen Termin machen!

Jetzt sollte ich aber abspülen und das saubere, benutzte Geschirr dahinstellen, wo es hingehört, in den Hängeschrank der Küche. Ich weiß, auch die Keramikplatte des Ofens, sollte mal wieder sauber gewischt werden, und wenn ich meine Kühlschranktüre öffne, sieht es im Kühlschrank nicht gerade sauber aus. Nur spüre ich keinerlei Anzeichen von Lust in mir aufsteigen, mich an diese Arbeit zu begeben. Also lasse ich das dreckige Geschirr erst einmal im Spülbecken stehen, und den Kühlschrank so sein, wie er momentan ist. Schließlich möchte ich kein frustrierter „Workaholiker" werden, und dem „Burnout-Syndrom" zum Opfer fallen, möchte ich in meinem Alter, auch nicht mehr.

Eines habe ich im Laufe meiner vielen Jahre gelernt, und auf meine Festplatte gespeichert, das alles läuft nicht weg, genauso wenig wie Arbeit an und für sich nie wegläuft, nur die Lust dazu, die kommt und geht.

Verdammt, wo ist denn mein Einkaufzettel, auf dem ich mir immer meine dringend benötigten Sachen notiere, den habe ich doch gestern.... wo hingelegt?

Na also, da liegt er ja, gut versteckt, auf der Fensterbank, hinter der alten Kaffeekanne aus den fünfziger Jahren, hinter diesem guten Stück, das ich einmal vor dreißig Jahren geerbt habe, und die jetzt als Dekoration dort steht. Ich muss mir langsam für alles Notizen machen. Vielleicht sollte ich mir auch Notizen machen, wohin ich meinen Notizzettel gelegt habe. Die grauen Zellen sterben immer schneller ab.

Überhaupt ist ein Einkauf für mich schon eine großartige, sportliche Herausforderung. Fünfhundert Meter bis zum Supermarkt, und dann wieder zurück. Hin und wieder ein kleiner Plausch, denn hin und wieder trifft man auch einmal auf Menschen, die mit einem alten Mann gerne ein paar Wörter wechseln. Es lebe die Empathie, oder die Sympathie, oder das Mitleid? Manchmal benötige ich schon zwei bis drei Stunden, schon fast ein Abenteuer für mich.

In knapp zwei Stunden laufen andere Menschen einen Marathonlauf. Na ja, sind ja erstens: Sportler, Zweitens: eine ganze Menge an Jahren jünger. Ich würde gerne einmal mit dem Bus in die Stadt fahren, ein wenig Schaufenster begutachten, durch die Fußgängerzone bummeln oder Strawanzen, wie ich früher immer gesagt habe. Einfach ein wenig mit anderen Leuten kommunizieren. Aber auch die Busfahrten sind für mich nicht mehr erschwinglich. Was würde ein Kontrolleur, der mich beim Schwarzfahren erwischt, wohl mit mir anfangen? Eine Geldstrafe ausschreiben, oder mit mitleidigem Lächeln und erhobenem Zeigefinger nur eine Ermahnung aussprechen: --- so geht das nicht Opa - ---? Es wäre mir so wurscht egal lieber Herr Kontrolleur, I .... Ich muss schmunzeln, denn bei diesen Gedanken sehe ich ganz realistisch diesen Herrn in schmucker Uniform vor mir stehen, und etwas dümmlich schauen, vielleicht kann er gar kein Englisch? Sollte ich einmal tun, der Rebell in mir ist, trotz meiner 98 Jahre, immer noch lebendig.

Beim letzten „Rund um Blick" durch die Küche, fällt mein Blick auf den Kalender. Die Zahl 14 sticht mir ins Auge. Morgen kommt die Kleine, die kommt immer am 15., egal welcher Tag es ist. Ich sehe sie schon im Türrahmen stehen, mit strahlenden Augen und mit einem leisen Lachen höre ich sie rufen:

„Hallöchen Manni-Opi, der kleine Großputz ist fällig". Das sagt sie immer, wenn sie kommt.

Während ich mich wieder hinlege, sage ich mir: Wieso Kleine? Mittlerweile ist Susanne eine verheiratete Frau, und hat zwei süße Kinder. Doch ich sehe sie noch vor mir, im Kinderwagen liegen, der von der stolzen Großmutter mit den Worten „ist sie nicht süß", geschoben wurde. Ich sehe sie in den Kindergarten gehen, sehe sie zur Schule gehen, und jeden Morgen, beim Vorbeigehen am Gartenzaun, höre ich noch die Kinderstimme in meinen, jetzt fast tauben, Ohren:

„Guten Morgen Manni-Opi".

Ich sehe sie in meinem Garten tollen, mit mir die Blumen gießen, Unkraut jäten, auch wenn sie manchmal, statt

Unkraut, ein Blumengewächs herausriss, und dann tot unglücklich war. Ich höre noch immer ihre wissbegierigen Fragen: Wie heißt diese Blume, was ist das für eine Blume?

Aus Susanne wurde ein bildhübscher Teenager, und somit war auch der erste Liebeskummer vorprogrammiert. Weinend, und herzergreifend schluchzend, lag sie in meinen Armen.

„Was soll ich tun Manni-Opi"?

Von mir bekam sie zur Antwort:

„Denk immer daran Kleine, er ist deiner nicht wert"!

Das half, zumindest bis zum nächsten Liebeskummer. Wir saßen stundenlang vor meinem PC und hörten die tollste Musik, denn ich hatte in früheren Jahren ein MP3 – Archiv mit fast hunderttausend Songs abgespeichert. Hierbei entdeckte sie ihre Liebe zu den Songs von „Uriah Heep", „Pink Floyd", „Deep Purple" usw. Sie wurde eine Rockerin, und das passte auch zu ihrem Naturell.

Susanne ist die einzige Person, die mich besuchen kommt, und wenn sie wieder geht, wird aus meiner täglichen Einsamkeit eine Qual.

Jetzt befinde ich mich schon wieder im Krieg mit meinem Sonnenschirm. Diese verflixte Kurbel zum Aufdrehen und Runter-drehen des Schirms, jedes Mal verwechsle ich die Richtung, und dass nun schon seit mehr als zehn Jahren. ----- Na endlich, es funktioniert!

Ich kann mir einfach Links „down" und Rechts „up" nicht merken. Das schöne bunte, und weiche Kissen, das ich von Susanne habe, lege ich mir unter den Kopf. Passt, schön gemütlich jetzt! Meine höher gelegte Sonnen-liege tut seine Pflicht. „Nach dem Essen sollst du ruhen", diese alte Weisheit bewahrheitet sich auch heute noch. Ein bisschen dösen in der warmen Sonne macht zwar aus meinem alten Körper keinen runderneuerten mehr, aber das kleine Zwicken, was ich hier und dort spüre, verschwindet, und löst sich in Wohlgefallen auf.

Was zwickt denn da an meinem Ohr? Beim Öffnen meiner Augen, sehe ich in kugelrunde, große schwarze Augen.

„Muss wohl eingeschlafen sein, Ramses"

Der hüpft von einem Bein auf das andere, flattert mit seinen Flügeln, und schnattert fast wie eine Wildente im Sturzflug. Der ist vielleicht aufgeregt.

„Was ist passiert, alter Freund"?

„Wir haben einen neuen Futterplatz gefunden, alter Mann, ich bin so aufgeregt, voller Freude, bis in die Schnabel-spitzen".

„Großartig, Ramses, das freut mich für dich und deine Schar. Und der Futterplatz, ist es weit weg?"

„Nein, gar nicht weit, ca. 15 Minuten von hier. Ein großes, freies Feld. Allerdings müssen wir es mit einer kleineren Schar teilen".

„Du teilst etwas, Ramses? Früher hättest du um das alleinige Recht gekämpft, alte Krähe".

Ramses prustet sich auf, legt den Kopf zur Seite, schaut etwas nachdenklich.

„Weißt du alter Freund, hast du nicht gesagt, im Alter wird man weise. Meine Erkenntnis jetzt ist die, dass eine friedliche Koexistenz besser ist als ständiger Kampf. Dieses Feld ist groß genug, um alle zu ernähren. Warum also Kampf?"

„Donnerwetter, mir scheint, du hast in den letzten paar Stunden eine riesige Kelle voller Weisheit zu dir genommen. Ich finde auch, dass diese Lösung die Beste ist. Gratulation"!

„Dir mein Freund. Dir habe ich meine Einsicht, vielleicht Weisheit, zu verdanken!"

„Danke Ramses, aber ich sage dir auch, dass dein Kampf trotzdem weiter gehen wird. Das ganze „Dasein" ist ein Kampf. Zuerst ist da der Kampf mit dem Leben, und dann kommt der Kampf ums Leben. In diesen, letzten, Kampf gehst du nicht als Sieger hervor, diesen Kampf wirst du verlieren, diesen Kampf verliert jedes Individuum".

„Mmh…das verstehe ich nicht. Was meinst du „mit dem Leben kämpfen?"

„Ramses, stell` dir dein Leben wie einen breiten, träge dahinfließenden Fluss vor, einen Fluss, der manchmal zu einem reißenden Strom wird, mit vielen Stromschnellen, Strudeln, und Felsklippen. Mit dem Leben kämpfen heißt: Alle Unannehmlichkeiten, oder was du als unangenehm empfindest, zu besiegen, dir Freiheit, Zuneigung, Liebe und Vertrauen zu erkämpfen".

„Mmh, wenn ich so überlege, ist bei mir tatsächlich jeder Tag ein Kampf. Ich muss mich behaupten als Anführer, dann der tagtägliche

Kampf um die Futtersuche, der Kampf um meine Frauen, und der Kampf um unser Lebensrevier".

„Siehst du, das meine ich mit dem Leben kämpfen".

Wie immer, wenn der kleine Kerl aufgeregt ist, tänzelt er wie ein Balletttänzer auf der Bühne. Hin und her, hoch das linke Bein, hoch das rechte Bein, flattern mit dem rechten Flügel, flattern mit dem linken Flügel. Auch sein Schnabel geht dabei auf und wieder zu, auf und wieder zu, nicht etwa schnell, nein, sehr langsam, und es sieht aus, als wenn er herzhaft gähnt. Ich muss unwillkürlich lachen, während ich ihm dabei zuschaue.

„Warum lachst du, alter Mann, sag mir lieber wozu, oder warum du noch kämpfst. Oder kämpfst du etwa nicht mehr? In deinem Alter würde ich auch nicht mehr kämpfen".

„Nun Ramses, ich kämpfe auch noch im hohen Alter. Ich kämpfe darum, dass jeder Tag schön wird, dass ich nicht untergehe in meiner Eintönigkeit, dass an jeden Tag noch etwas Interessantes passiert, vielleicht sogar neue

Erlebnisse geschehen, und, ich kämpfe gegen die Einsamkeit. Einsam sein, ist das Schrecklichste, was es in meiner Welt gibt ".

„Aber du bist doch nicht einsam, alter Freund. Ich habe dir schon einmal gesagt, du hast mich, hast uns, und du hast die Kleine. Weshalb fühlst du dich einsam mein Freund? Hat nicht ein berühmter Astronaut einmal gesagt: „Alleine zu sein, hier in der Unendlichkeit des Weltraums, das ist die absolute Einsamkeit".

„Hat er, Ramses, doch ich muss da energisch widersprechen. Ich sage: „Nichts kann einsamer sein, als unter Menschen zu leben". Verstehst du was ich damit meine, Ramses?"

„Mache mich bitte schlau, alter Mann".

Mein Gott, wie soll ich ihm das erklären? Denke ich an diese Zeit zurück, an die Zeit meiner Einsamkeit unter Menschen, überfällt mich heute noch ein gewaltiger Blues. Es war wie eine Folter, keine körperlichen Schmerzen, es war eine seelische Folter. Es war, als ob ich in einen Abgrund ohne Boden fallen würde, immer schneller, immer tiefer. Bis plötzlich ein Engel auftauchte, und mir einen Fallschirm überreichte (sinnbildlich), damit ich weich landen konnte.

„Ramses, stell` dir einen großen Saal vor, einen Saal, der voller Artgenossen ist. Es wird geredet, gescherzt, getuschelt und gelacht. Du sitzt mittendrin, und du verstehst kein einziges Wort. Nicht weil alle durcheinander reden, sondern jeder seine eigene Sprache spricht. Ein wirres Durcheinander von Meinungen, von Dialekten, und ein wirres Durcheinander von Artikulationen. Du willst mitreden, doch niemand versteht dich, oder besser gesagt, deiner Meinung nach, will dich niemand verstehen. Niemand hört dir zu, niemand fragt nach deiner Meinung, oder ist interessiert an deiner Meinung. Deine Worte gehen unter und verhallen im Lärm der anderen. Du versinkst langsam in eine Lethargie, denn du fühlst dich ausgeschlossen und ausgestoßen. Dir schenkt keiner Liebe, kein Vertrauen, und auch keiner eine Aufmerksamkeit. Noch schlimmer! Es ist, als wärst du ein körperloses Wesen, ein Geist, den niemand sieht, und du fühlst dich in eine andere Dimension versetzt. Du lebst zwar in der Gemeinschaft, aber du fühlst dich als Außenseiter, allein gelassen, allein unter vielen, weil dich niemand versteht. Das ist, was ich als einsam leben unter Menschen verstehe".

„Und du hast mit dieser Einsamkeit gelebt?

„Ja, ich habe diese Einsamkeit gelebt"!

„..... und wie hast du sie besiegt, alter Freund?"

„Es hat lange gedauert, bis ich sie überhaupt erkannt und gespürt habe. Dann entwickelte sich eine tiefe Traurigkeit in mir. Weißt du Ramses, Traurigkeit kann wie eine ansteckende Krankheit sein. Sie kann Ängste, sehr viele Ängste, hervorrufen, die nicht mehr kontrollierbar sind. Dann musst du hart sein, hart gegen dich selbst. Du brauchst mentale Stärke, einen sehr starken Willen, und du brauchst ein Ziel. Weißt du, damals war ich 76 Jahre jung, ja gegenüber zu heute, tatsächlich jung. Da habe ich all das noch geschafft, dafür brauchst du viel Energie ".

------PAUSE-----

„Erzähl` weiter, bitte".

„Ich habe mich von all diesen s.g. Freunden getrennt, von diesem wirren, lauten Durcheinander, habe meine Wunden geleckt, denn ich war jetzt so einsam, wie der Astronaut, von dem du erzählt hast. Jetzt war ich allein, allein in meinem Kosmos. Doch ich habe dieses „Alleinsein" positiv betrachtet, und dann neue Bekannte und Freunde in mein Leben gelassen. Freunde, die meinem wirklichen Naturell entsprachen. Dabei half mir auch meine liebste Freundin, die mir mit Rat und Tat zur Seite stand".

„ ……..... und was hat es dir alles gebracht?"

„Neuen Lebensmut Ramses, neuen Lebensmut, neue Freunde, eine neue Einstellung zum Leben. Ich habe die Traurigkeit in mir besiegt, in dem ich sie als positiv betrachtete. Ich habe die Traurigkeit als notwendiges Übel gesehen, ein Übel, das die Einsamkeit unter Menschen gebracht hat, und das ich brauchte, das mir die Augen öffnete, damit ich die Veränderung stattfinden lassen konnte.

„Du hast also die Einsamkeit unter Menschen als eine Episode, wenn auch schlechte Episode, gebraucht, um deine jetzige, positive Einstellung zum Leben zu finden?"

„Kann man so sehen. Für mich ist meine Einstellung zum Leben, die einzig richtige. Die Veränderung brachte mir eine innere Ruhe. Ich konnte, und habe meinen Kopf viel mehr benutzt. Die Gedankenlosigkeit, mit der ich in manchen Sachen handelte, bzw. gar nicht behandelte, weil ich die Angelegenheiten als gegeben betrachtete, habe ich abgestellt. Nichts auf der Welt ist nur gegeben, oder einfach nur da, alles hat seinen Sinn, oder ergibt Sinn. Der Mensch hat ein Gehirn, also benutzte und benutze ich es".

„Ich werde dich ab sofort nur noch mit Professor ansprechen, Herr Professor".

„Danke, Ramses. Ich glaube, diese Beförderung habe ich mir verdient"!

Ich nehme einen kleinen Schluck Tee, und ziehe einmal kräftig an meiner Pfeife. Ein bisschen aufgewühlt bin ich schon nach dieser kurzen Diskussion, denn die Erinnerung ist schon heftig, war doch diese Zeit nicht gerade die glücklichste in meinem Leben.

Die Sonne geht langsam unter. Eine leichte Brise kommt auf, und mich fröstelt ein wenig. Den Sonnenschirm kann man also wieder abbauen. Wie war das mit dem „Up" und dem „Down". Verflixt, weshalb kann ich mir diese Kleinigkeit nicht merken? Außerdem habe ich das Gefühl, als wenn ich wie ein steifes Brett auf meiner Liege liege. Der
Rücken macht sich wieder bemerkbar, und in meinen

Beinen entsteht ein leichtes Krabbeln.

„Hast du wieder Schmerzen, Herr Professor?"

„Warum fragst du, Ramses"?

„Weil du dein Gesicht wieder zu einer Grimasse verziehst"!

„So, tue ich das? Aber du hast recht alte Krähe, mein Alter macht sich wieder einmal bemerkbar".

„Dein Rücken"?

„Ja, mein Rücken. Weißt du Ramses, ein bekannter Künstler hat einmal gesagt, mir fällt der Name nicht mehr ein: „Im Alter hinten und vorne hochkommen, das macht das Alter noch schön". Da muss ich ihm beipflichten. Aber wenn du dir dann einmal selbst zur Last fällst, solltest du daran denken, den Löffel abzugeben".

„Nicht daran denken, alter Professor, noch fällst du dir nicht zur Last".

„Sei mir nicht böse, Ramses, wenn wir für heute unser Gespräch beenden. Ich bin ein wenig hungrig, und bin ein wenig müde. Eine kleine Schnitte Knäckebrot, ein kleines Gläschen Rotwein, ein bisschen Fernsehen, und dann ins Bett. Übrigens stimmt es, ich falle mir nur verschiedentlich selbst zur Last, aber das schon sehr oft. Die Lust zum Leben, die ist noch da. Außerdem...... will ich eine dreistellige Zahl erreichen".

Ramses schaut mich an, knabbert noch einmal zärtlich an meinem Ohr, kräht einmal laut, und beim Abflug der ganzen Schar, höre ich noch einmal seine Stimme, laut und deutlich rufen:

„Bis   morgen,   alter   Mann,   oh   ....
Entschuldigung, ... alter
Herr Professor."

Manchmal kann er schon anstrengend sein, der Ramses, manchmal kann es schon anstrengend sein mit ihm zu diskutieren, aber manchmal ist es auch sehr lustig. Es ist kurzweilig, und mein Gehirn bleibt im Training. Mmh.... ein Geruch von Grillfleisch liegt in der Luft. Die Nachbarschaft wird grillen bei diesem schönen Wetter. Riecht echt gut. Wann überhaupt habe ich zum letzten Mal gegrillt? Ich gehe noch einmal zum Gartentürchen in meiner typischen, elastischen schliefrigen Gangart, schließe es ab, schaue eine kleine Weile links, dann rechts der Straße nach. Es ist niemand weit und breit zu sehen, niemand kommt vorbei, um einen kleinen Plausch zu machen. Auch gut, ich habe für heute genug geredet.

Irgendwie komme ich heute nicht so schnell in den Tritt. Es ist, als wenn ich in Zeitlupe durch die Gegend laufe. Alles fühlt sich so langsam und behäbig an. Auch mein morgendlicher Kaffee hat einen eigentümlichen Geschmack. Er schmeckt nicht nach Kaffee, er schmeckt schal, er schmeckt wie heißes, schwarz gefärbtes Wasser. Ich frage mich: „Haben meine Geschmacksnerven ihren Dienst quittiert?" Ich habe das Gefühl, als wenn mein innerlicher Motor gewaltig stottert. Benötigt der einen Ölwechsel, oder gibt er langsam seinen Geist auf. Was ich schon lange nicht mehr hatte, war dieses Abhusten beim Zähneputzen, wenn man meine wenigen Zahnstummeln noch als Zähne bezeichnen kann. Dieser Schleim, der Rest von wohl tausenden von grauen Zellen meines Gehirns, die, über Nacht abgestorben, jetzt ausgespuckt im Waschbecken landeten. Kein schöner Anblick.

Ich muss raus, an die frische Luft. Das Wetter ist wunderbar. Schon am frühen Morgen wohlig warm, genau das Richtige für einen alten Mann und dessen abgenutzte Gelenkknochen. Ramses wird schon warten, und mich mit seinem immer wieder gleichen Ritual begrüßen wollen. Mein Ramses, mein einziger noch übrig gebliebener Freund. Hatte ich überhaupt richtige Freunde in meinem Leben? Freunde, dessen Freundschaften tiefer waren als das oberflächliche, und zum Teil, gedankenlose Treiben, welches damals gelebt wurde? Da werde ich noch einmal in der Vergangenheit graben müssen.

Tatsächlich! Ramses sitzt schon da, wie immer, am äußersten Pfosten des Gartenzauns. Mir scheint, sein Blick ist etwas vorwurfsvoll auf mich gerichtet.

„Habe ich mich so sehr verspätet, Ramses?"

„Hast du, alter Mann, ich warte schon eine ganze Weile auf dich".

Langsam, fast in „Slow Motion", so kommt es mir vor, lege ich mich auf meine Liege. Zwei Flügelschläge, schon sitzt Ramses auf meiner

Schulter, und knabbert wie immer, an meinem rechten Ohr.

„Guten Morgen, alter Professor. Hast wohl schlecht geschlafen"?

„Der ruhigste und gesündeste Schlaf war es nicht, Ramses."

„So schaust du auch aus".

„Es muss wohl daran liegen, dass ich mich seit einiger Zeit vor dem „Schlafengehen" mit den unterschiedlichsten Themen befasse, Ramses. Dadurch schwirren unzählige Kolibris in meinen Kopf herum. Da hilft auch kein „Schäfchen zählen"."

„Und, welches Thema war es dann gestern?"

„Ich denke über den Tod nach."

„Sehr schlechte Gedanken, alter Mann!"

„Weiß ich Ramses, aber es kommt einfach und plötzlich. Vielleicht sind es Vorahnungen? Die soll es ja geben. Doch sollte man den Tod eigentlich nicht als etwas Schlechtes betrachten, Ramses. Der Tod gehört zum Leben, Ohne den Tod, gibt es kein Leben."

„Das macht mich traurig, Professor."

„Mich auch, aber wenn die Zeit kommt, dann ist sie da, und du kannst noch so dagegen ankämpfen. Tiere haben diese Vorahnungen tatsächlich. Sie kapseln sich dann von ihrer Herde ab, um alleine zu sein mit ihrem Schicksal."

„Das stimmt. Ich habe dies bei meinem Vater bemerkt, alter Mann. Er wollte nur noch alleine sein, und niemandem zur Last fallen. Übrigens, die alten Naturvölker haben dafür ein Ritual."

„Weißt du Ramses, ich träume jetzt immer mehr, ich träume von alten Weggefährten und Gefährtinnen. Ich sehe dann ihre Gesichter vor mir. Manche lächeln mich an, manche schauen griesgrämig. Sie wollen mir etwas mitteilen. Nur……. ich verstehe sie nicht, kann sie nicht verstehen."

„Ist das denn so wichtig?"

„Ich weiß, an der Vergangenheit ist nicht zu rütteln, und sie ist nicht zu verändern. Die Vergangenheit steht wie ein Fels. Es kommt mir manchmal wie ein Film vor, der vor meinen Augen abläuft. Wahrscheinlich ist es für mein Unterbewusstsein wichtig."

„Aber, was ist so wichtig daran ihre Meinung zu hören. Sie sind alle tot."

„Ja das stimmt. Sie sind alle tot!"

„Alter Professor, du lebst, also lebe!"

„Vielleicht holt mich die Vergangenheit ein, weil ich keine Zukunft mehr habe, Ramses."

„Blödsinn, alter Mann! Jede Minute, jede Stunde, jeder Tag ist Zukunft. Genieße sie, das ist ein Befehl!"

Ich muss lachen, denn Ramses sagt mir diese Worte wirklich in einem Befehlston, der keinen Widerspruch duldet.

Wo ist der Notizzettel, auf dem ich mir notiert habe, was das „up" und das „down" am Sonnenschirm bedeutet? Die Sonne wird jetzt mehr als warm, für mich fast zu heiß, für andere ein wunderschöner Sommertag. Habe ich meine Wasserkaraffe mitgenommen? Aha, da steht sie, mit Glas. Bin ich doch nicht so vergesslich. Auch meine Tabakpfeife liegt gestopft bereit. Wenn ich mir die anzünde, wird die alte Krähe wieder schimpfen. Doch dann wird der Rebell in mir wieder wach.

Jetzt erst recht einen tiefen Zug.

„Das Rauchen ist nicht gesund für dich, alter Mann. Wie oft habe ich es dir schon gesagt?"

„Und wie oft habe ich dir mit einer Frage geantwortet: Was ist besser, krank sterben, oder gesund sterben."

„Du bist ein alter, dickköpfiger Mensch, Professor…………

„der immer noch ein wenig rebellisch ist, Ramses!"

Einer meiner Vorfahren muss ein germanischer Rebell gewesen sein. Vielleicht war es der Cheruskerfürst, der Varus, den römischen Feldherrn, besiegte. Es war schon immer so bei mir. Sobald ein „Muss" dahintersteckte, sträubten sich bei mir die Nackenhaare. Das verhinderte meine Karriere bei der Marine, und setzte sich fort in meinem restlichen Leben. Manchmal kam ich mir vor wie ein………… wie war das mit dem Elefanten und dem Porzellan?

„Ja richtig, alter Mann, manchmal bist du wirklich ein Elefant."

„Sag mal, kannst du Gedanken lesen?"

„Vielleicht"

„Weißt du Ramses, dieser Rebell in mir hätte fast die

große, einzigartige Liebe meines Lebens zerstört."

„Wie ist das zustande gekommen?"

„Sie hatte die gleiche Einstellung, was das Rauchen betrifft, wie du. Sie war dagegen. Ich habe gegen diese Sucht gekämpft, weil diese Frau es wollte. Mit all meiner Kraft habe ich mich dagegengestemmt."

„Und, hast du diesen Kampf gewonnen?"

„Eine sehr lange Zeit. Doch es kam ein Rückfall. Die Sucht in mir war stärker, als die Angst in mir, sie zu verlieren."

„Und …wie ging es weiter, alter Professor."

„Sie hat mich dabei, also beim Rauchen, erwischt. Meine ganzen Beteuerungen, dass es nur ein Rückfall war, halfen nichts. Sie glaubte, dass ich in der ganzen gemeinsamen Zeit heimlich weiter geraucht hätte. Sie bezichtigte mich der Lüge, stellte mich als Lügner dar. Nicht nur im Nachhinein verständlich. Ich hatte sie zu tiefst verletzt. Mit einem einzigen Zug an einer Zigarette war das Vertrauen, wie der Rauch des Tabaks, in der Luft verschwunden".

„Wie ist es ausgegangen?"

„Ramses, die Sucht im Körper ist auch ein sehr starkes „Muss". Diese Sucht bestimmt dein Verhalten. Ich habe mein Rebell in mir, gegen diese Sucht, gegen dieses ich „Muss" rauchen, umgepolt, und ihn dagegen rebellieren lassen. Es half. Also war mein Rebell doch für etwas gut."

„Aber warum rauchst du jetzt wieder?"

„Ich rauche, weil ich es will, alte Krähe, nicht weil ich es „Muss". Die Sucht in meinem Körper bestimmt nicht mehr den Zeitpunkt und die Menge meines Konsums, ich bestimme es".

„Ein taktischer Sieg, bravo."

„Ja, aber dieser taktische Sieg hat viele Schmerzen bereitet. Keine körperlichen Schmerzen, mehr seelische Schmerzen."

„Wieso, Professor, macht die Liebe nicht einen Menschen stark? Du hast es doch für eine Frau getan, also hast du geliebt."

„Da hast du recht, Ramses. Die Liebe macht einen Menschen stark, aber sie macht auch einen Menschen schwach. Durch Zuwendung, Wertschätzung, und durch intensive Unterstützung macht sie stark. Diese Zuwendung, diese Wertschätzung, und diese intensive Unterstützung hat sie mir geschenkt. Dafür danke ich ihr heute noch. Aber die Liebe macht auch schwach, weil sie auch eine gewisse Abhängigkeit und Verletzbarkeit entstehen lässt."

Jetzt fällt mir ein, und ich frage mich, habe ich in all den Jahren meiner Ehe, in jungen Jahren, und nicht nur während meiner Ehe, sondern auch bei anderen Situationen im Leben, nur darauf geachtet nicht abhängig und verletzbar zu sein, oder zu werden? Einer innerlichen Stimme folgend, die da sagte:

„Ein Mann muss stark sein, ein Mann muss Stärke zeigen, ein Mann darf keine Abhängigkeit entstehen lassen, ein Mann muss autark sein".

Lebte ich mein Leben unter dieser Fuchtel, unter dieser Doktrin, unter dieser blödsinnigen These? Ich könnte tatsächlich weinen, doch irgendwie hält mich der Satz meines Großvaters: „Ein Mann weint nicht" davon ab. Diese vier Worte sind immer noch tief in mir verankert. Diese vier Worte waren doch immer einer meiner Glaubenssätze. Wie gern würde ich jetzt einfach weinen.

„Und du glaubst also schwach geworden zu sein, indem du für einen kurzen Augenblick deine Willensstärke verloren hast, alter Mann?"

„Ich habe meine Prinzipien verraten, Ramses, und damit habe ich die Liebe dieser Frau verraten. Ich war zu dieser Zeit mental überfordert, ich wollte alles auf einmal in die richtige Richtung bringen und lenken. Das war einfach zu viel."

„Eine Art Selbstüberschätzung?"

„Ja, Ramses, ich war überzeugt davon, diese Sucht ohne Hilfe zu besiegen. Einfach aufhören, denn mit Alkohol hat es ja auch geklappt".

„Und, wie ging es weiter?"

„Ich habe gekämpft, ich habe gekämpft wie noch nie in meinem Leben, denn für mich war diese Frau die große Liebe. Es war eine Liebe, die ich noch nie so intensiv in mir gespürt hatte und auch erlebte".

Ja, das stimmt! Und so etwas habe ich im Alter erst erleben dürfen. Endlich, fast am Ende meines Weges hatte ich einen Menschen gefunden, einen Menschen dem man bedingungslos vertrauen konnte, bei dem man sich öffnen konnte, mit dem ich in Liebe die letzte Etappe gehen konnte.

Langsam schließe ich die Augen, und dann taucht dieses liebe, so ausdrucksstarke, Gesicht vor mir auf. Ich habe es schon lange nicht mehr gesehen, und es berührt mich sehr, denn alles in mir sehnt sich noch immer nach ihr. Ich nehme einen großen Schluck Wasser zu mir, und mache einen tiefen Zug aus meiner Pfeife. Ich fühle mich aufgewühlt bei all diesen Erinnerungen, und durch den Tabakrauch, finde ich eine leichte, aber wehmütige Beruhigung.

Ramses trippelt aufgeregt, von einem Beinchen auf das andere, wie immer auf meiner Schulter. Er scheint nervös zu sein. Kann er vielleicht wirklich Gedanken lesen, meine wehmütigen, traurige Gedanken?

Ich trinke noch einen großen Schluck Wasser, denn es ist heiß, sehr heiß. Dabei fallen mir ihre Worte ein: „Du musst trinken, dein Körper braucht im Alter viel Flüssigkeit". Worte, die ich damals als Belehrung aufgefasst habe, sowie alle ihre Ermahnungen und Nörgeleien. Heute denke ich anders darüber. Es war ein Ausdruck ihrer Liebe, die sich dahinter versteckte. Das tut mir verdammt noch mal jetzt noch leid, dass ich das zu diesem Zeitpunkt nicht kapiert habe.

„Weißt du Ramses, als ich ihre Stimme nicht mehr hörte, war mir bewusst geworden, welch einen Menschen ich verloren hatte."

„Das muss für dich sehr schwer gewesen sein, darüber hinwegzukommen".

„Verluste sind immer schwer, und man schleppt sie als Last durch das weitere Leben mit sich herum".

„Hat nicht jeder eine Last in sich, Professor, die er mit sich durchs Leben schleppt?"

„Natürlich Ramses, jedes Individuum trägt eine Last mit sich herum. Bei manchen ist sie zentnerschwer und ist erdrückend. Andere wiederum bemerken sie erst zu spät, und dann ist es wirklich zu spät."

Was macht denn mein unmittelbarer Nachbar da. Warum sägt der, bei der Hitze, jetzt einen Baum ab? Diesen schönen Zwetschgenbaum, der im Frühjahr so herrlich blüht, und der dann diese schmackhaften Früchte trägt. Schade, dann habe ich im nächsten Frühjahr ein paar bunte Farbtupfer weniger vor meinen Augen, und im Herbst weniger Früchte zum Klauen. Stopp, d.h. organisieren, wie mein Vater immer sagte. Mein Rücken schmerzt schon wieder, und vorsichtig bewege ich mich.

Ist schon ein Kreuz mit meinem Kreuz.

„Hast du wieder Schmerzen, Professor?"

„Ja, ja habe ich, Ramses, ich bräuchte eine Liege, bei der ich mich einmal auf den Bauch legen könnte, damit die warmen Sonnenstrahlen meinen Rücken erwärmen. Wärme soll ja bekanntlich helfen".

„Hörst du das Klingeln nicht, alter Mann? Es hat schon dreimal geklingelt".

Ich stehe vorsichtig auf, schaue um die Ecke, und sehe den Postboten vor dem Gartentor stehen. Vincenz, genannt Vinz, von mir, winkt mit einem Kuvert. Ich bekomme Post. Von wem sollte ich Post bekommen. Vielleicht Post aus dem Jenseits? Es ist doch niemand mehr da, der mir schreibt. Ich schaue auf den Absender, den Namen kenne ich nicht. Mit etwas zitterigen Finger öffne ich das Kuvert und lese die Zeilen:

„Lieber Urgroßonkel, wenn ich dich so nennen darf. Ich bin die

Tochter der Tochter deines verstorbenen Bruders, und will einen s.g. Familienstammbaum aufstellen. Bei meinen Recherchen entdeckte ich deinen Namen, und erhielt bei Nachfragen beim zuständigen Einwohnermeldeamt, deine Adresse. Ich hoffe, dass du mir beim Erstellen hilfreich zur Seite stehen kannst, usw."

„Hey Ramses, ich bin doch nicht alleine auf dieser Welt."

„Du bist noch nie alleine gewesen auf dieser Welt, alter Mann."

„Ramses, es gibt noch jemanden aus der Verwandtschaft. Die junge Dame bittet mich um Hilfe bei der Erstellung eines Familienstammbaums".

„Na, siehst du Professor, jetzt hast du wieder eine kleine Aufgabe. Die bringt dich auf andere Gedanken".

Es ist, als wenn Ramses fröhlich und herzlich lachen würde, und sich mit mir freuen würde. Der kleine Kerl hüpft wieder aufgeregt von einem Beinchen auf das andere.

„Es freut mich für dich, alter Mann, tschüss bis morgen."

Ein kurzes Krähen als Zeichen an seine Schar, und diese erhebt sich in die Lüfte.

„Tschüss Ramses, alter Freund, bis Morgen".

Es scheint, was das Wetter betrifft, nicht gerade der angenehmste Tag des Monats zu werden. Es nieselt leicht, der Himmel ist grau soweit das Auge reicht, und Mutter Sonne hat nicht die Kraft sich durchzusetzen.

Auch mir scheint die Kraft zu fehlen aus dem Bett zu steigen. Wie heißt der alte Blues Song? Ach ja „Still got the blues". Hat er mich? Ja er hat mich, er hat mich voll im Griff. Ich spüre es, denn dieses Gefühl der Traurigkeit, dieses „für nichts nützlich zu sein", diese Lethargie und Gleichgültigkeit in diesen Augenblicken, begleitet mich schon mein ganzes Leben. Dafür bin ich anfällig, ja, ich sauge es geradezu wie ein Schwamm in mich auf. Es ist, als ob in mir ein zweiter Mensch wohnt, der diese Gefühle liebt, und sich darin suhlen kann. Ich habe es nie geschafft, diese Baustelle in mir zu einem schönen Anwesen umzugestalten. Aber ich muss raus aus den Federn. Heute ist Mittwoch, die Kleine kommt, und außerdem wartet bestimmt schon Ramses auf mich.

Was ist los? Ramses ist nicht da. Eigenartig, sonst wartet er schon um diese Zeit immer auf mich.

Ich stehe unter dem Balkon hinterm Haus. Da bin ich vor dem Regen geschützt. Mit Sonnenbaden ist heute nichts drin. Wie immer stehe ich, leicht gebückt, auf meinen Gehstock gestützt, denn meine Hüfte schmerzt heute fürchterlich. Ist sie wetterabhängig? Gibt es das? Die Kleine ist schon da, und wirbelt durch das Haus wie ein kleiner Tornado. Wenn sie so wirbelt, stehe ich scheinbar immer im Weg. Die Gute, wenn ich sie nicht hätte, würde mein Haushalt zu einem Müllablageplatz werden. Mich fröstelt ein wenig, obwohl ich mich warm angezogen habe. Scheint bei alten Menschen einfach so zu sein, wenn das Wetter umschlägt. Na endlich, da kommt er ja mein Krähenkönig.

„Guten Morgen Ramses, siehst ein bisschen zerzaust aus! Was ist passiert"?

„Ich habe kämpfen müssen, alter Mann."

Ganz aufgeregt wackelt er mit dem Kopf, öffnet und schließt seinen Schnabel, so dass ein richtiges Geklapper zu hören ist. „Klapper, Klapper, Klapper! Wie bei einem Klapperstorch, in den Kindermärchenbüchern beschrieben.

„Ich denke, du kämpfst nicht mehr?"

„Musste ich, denn eine andere Schar versuchte unseren Futterplatz in Besitz zu nehmen."

„Wo sind deine diplomatischen Fähigkeiten geblieben, alte Krähe?"

„Da half keine Diplomatie, Professor. Der andere Anführer war noch nicht weise genug dafür. Er wollte den Kampf."

„Und, hast du gewonnen?"

„Habe ich! Das Kämpfen habe ich noch nicht verlernt, auch wenn es mir schwerfällt. Komme halt auch in die Jahre. Bin nicht mehr der Schnellste, aber ich habe sie trotzdem alle verjagt".

„Auge um Auge, was, Ramses."

„Auge um Auge, alter Professor."

„Das Leben ist ein ständiger Kampf, Ramses. Wenn du dich behaupten willst, bleibt manchmal nur der Kampf übrig."

„Aber ich mag nicht mehr diese Kämpfe um die Futterplätze, auch die Kämpfe um die Führerschaft mag ich nicht mehr. Ich mag überhaupt nicht mehr kämpfen."

„Ein sicheres Zeichen dafür, dass du ins Alter kommst, Ramses."

„Die Angst davor diese Führerschaft zu verlieren beherrscht schon seit einiger Zeit mein Denken, alter Professor. Was wird aus meiner Schar? Was wird aus mir?"

„Jedes Individuum schleppt Angst mit sich herum, Ramses, Da ist die Angst etwas zu verlieren, und da ist die Angst zu verlieren. Man hat immer Angst um irgendetwas und vor irgendetwas. „Thats Live" Ramses!"

„Du meinst also, damit muss man leben, Professor?"

„Ja, damit muss man leben. Die Frage: „Was wird aus meiner Schar, was wird aus mir", stellt sich, sinngemäß, jedes Lebewesen, auch der Mensch. Aber sie erübrigt sich, denn die Schar ist vor deiner Führerschaft klargekommen. Sie wird auch nach deiner Führerschaft klarkommen. Die Frage „Wie sie klarkommt, oder sie klarkommen" ohne mich, dass ist wiederum die Angst in dir, die da lautet: Was wird aus mir? Werfe sie einfach auf den nächst besten Müllhaufen. Weg damit".

„Es zu sagen geht schnell, doch es zu tun ist etwas anderes."

„Ich weiß es, alte Krähe, aber wahrscheinlich ist der Zeitpunkt jetzt für dich gekommen, oder er kommt bald. Du stehst kurz vor einem Wendepunkt deines Lebens."

Wie war das bei mir? Damals, als ich noch jung war. Ich meine, jung an Jahren war, wenn dieses Gefühl der begründeten, oder unbegründeten, doch meist eingebildeten Angst in mir hochstieg. Dieses unangenehme, bedrohliche Bauchgefühl, was sich langsam im Gehirn einnistet, und sich verschiedentlich mit unkontrollierbaren, panikartigen, und cholerischen Gefühlsausbrüchen artikuliert?

Meist entstand dieses Gefühl der Ängstlichkeit durch die Unsicherheit meines Handelns. Das kann zur Neurose werden. Ja, es gab eine Zeit, da stellten sich mit diesen Angstzuständen körperliche Beschwerden ein. Da war die Appetitlosigkeit, alles schlug mir auf den Magen, da waren Schweißausbrüche, da war der schlechte Schlaf, da war Lustlosigkeit, da war ein ständiger Blues, und da war dieses Herzrasen, was fast bis zur Ohnmacht führte. Die Gedanken der Nutzlosigkeit nahmen die Überhand, und vor allen Dingen, die Gedanken der Sinnlosigkeit des eigenen „Daseins". So ganz habe ich diese Gefühle noch nicht abgelegt, trotz eines großen Lehr- und

Lernprozesses. Hat sich ja heute Morgen beim Aufwachen wieder gezeigt.

Verdammt, ich kann nicht mehr stehen. Vor allen Dingen in dieser Haltung, so krumm und buckelig.

„Ramses, ich hole mir meinen Spezialstuhl."

„O.K., alter Professor, ich warte auf dich."

Ich gehe also ins Haus, denn im Flur habe ich meinen Spezialstuhl in der Ecke abgestellt. Der Stuhl ist nichts anderes als ein umfunktionierter Barhocker, einer, der übrig geblieben ist von vier, der vor langer Zeit im Schuppen stand, und auf den so manche Person im betrunkenen Zustand saß. Jetzt sitzt niemand mehr angetrunken oder betrunken darauf. Ich habe das Polster vor Jahren erneuert, und auch die Lehne neu gepolstert. Ist recht gemütlich geworden, vor allen Dingen bequem. Brauche nicht in die Knie zu gehen. Kann mein, ein wenig kleiner werdendes, Hinterteil, souverän und ohne Mühe darauf platzieren.

„Du stehst im Weg, Manni-Opi."

„Bin ja schon wieder weg, Kleine."

„Bist du auch warm genug angezogen? Bei diesem Wetter holst du dir leicht eine Erkältung."

„Bin ich Kleine, sogar die langen Unterhosen sind wieder im Einsatz."

„Gut so Manni-Opi, dann raus mit dir!"

Ja, ja die Kleine. Immer in Sorge um meine Person. Ist schon ein feines Gefühl, diese Fürsorge von einem Menschen zu spüren. Auch wenn ich da manchmal einen Ton von Nörgelei und Zurechtweisung heraushöre......wie in früheren Jahren schon. Aber sie meint es ja gut mit mir, und, sie ist eine Frau.

„Sage mir, wie du mit deiner Angst fertiggeworden bist, alter Mann", empfängt mich Ramses, ich würde dir ja gerne helfen beim Tragen, aber ich habe leider keine Hände."

„Eine tolle und einmalige Feststellung, alte Krähe".

„Kleiner Joke von mir."

„Kannst du dir ersparen."

„Etwas missmutig was? Wetter ist Wetter, alter Professor, das kann man nicht ändern, und deinen dadurch entstehenden Blues werfe bitte nicht brockenweise auf mich".

„Hast ja recht, Ramses, Entschuldigung, tut mir leid. Wie war deine Frage?"

„Wie du mit deiner Angst fertiggeworden bist."

„Das war ein langer Prozess. Man glaubt ja immer, man kennt sich selbst. Aber das täuscht gewaltig und führt in eine Einbahnstraße. Ich glaube, man kennt sich selbst am wenigsten. Ich habe Seminare besucht, bin im Internet auf Suche gewesen. Durch viele Gespräche und durch Meditieren habe ich langsam diese Ängste abgebaut. Doch ein kleines Zipfelchen bleibt im Herzen, und ich finde, es ist gut so. Dadurch kannst du immer wieder in dich selbst gehen, dich selbst motivieren, und somit die Angst in Grenzen zwingen, oder fernhalten".

„Kann ich das auch?"

„Das musst du selber wissen und erlernen, Ramses, dabei kann ich dir nur mit guten Ratschlägen zur Seite stehen. Wenn du willst."
„Aus deinem Mund spricht wirklich die Erfahrung eines langen Lebens, Professor. Ich bin froh, dass ich dich habe."

„Danke, mein Lieber. Ich bin froh, dass ich dich habe. Die nimmst ein Stück der Einsamkeit von mir. Du und die Kleine, ihr Beiden erfüllt mein Leben. Ohne euch wäre ich alleine mit mir selbst, mit meinen Gedanken, auch mit meinen Empfindungen."

„Manni-Opi, ich bin fertig mit Putzen. Alles ist sauber jetzt. Aber so schmutzig war es gar nicht."

„Ich muss weg, mein Freund. Nicht nur ich habe Hunger. Vielleicht komme ich heute noch einmal vorbei um mehr über Angst und Ängste zu erfahren. Tschüss, alter Professor."

Wieder diese zwei Flügelschläge, dieses kurze Trippeln, und Ramses erhebt sich in die Lüfte. Tschüss, mein

Bester, ich liebe dich.

„Ich komme, meine Kleine."

Was sie wohl wiederhat, meine kleine Susanne? Irgendwie schaut sie heute etwas verwirrt drein. Ihre großen Kulleraugen sind noch größer, und um ihren Mund, so glaube ich zu sehen, setzt sich ein vielsagendes, nervöses, aber auch ein auf etwas deutendes Lächeln fest.

„Was bist du so nervös heute, Kleine?"

„So bin ich das."

„Kommt mir so vor. Hast du irgendetwas?"

„Ich muss schnell nach Hause, Manni-Opi. Ich muss meinen Deckel, wie du immer sagst, eine fröhliche Botschaft mit auf den Weg in die Arbeit geben."

„Und was ist das, du weißt, du kannst mir alles sagen. Kann ich dir helfen?"
„Dabei kannst du mir nicht helfen, aber ich freue mich darüber. Weißt du, ich bin schwanger. Freust du dich mit mir"?

Vehement stürzt sie sich in meine Arme, umarmt mich ganz fest, so dass ich fast keine Luft mehr bekomme, meinen Gehstock fallen lasse, und fast mein Gleichgewicht verliere. Mein Gott, Kinder kriegen Kinder. Donnerwetter, sie ist ja kein Kind mehr. Ich vergesse das manchmal. Habe sie ja schon im Kinderwagen liegen sehen, und ihr den Dutzler gegeben.

„Da kommt Freude auf, eine ganze Menge, auch bei mir Susanne, denn der Topf füllt sich, und der Deckel hält den Inhalt fest. Möge das Gericht schmackhaft werden, Susanne."

Ich begleite sie noch zum Gartentürchen, umarme sie noch einmal, gebe ihr einen Kuss auf die Stirn, und freue mich über ihre Freude. Jaja, die Zeit vergeht!

Meine Güte, es waren so schöne Zeiten...die Geburt meiner Kinder...und dann meiner Enkelkinder....

Mein lieber Himmel ist es heute kalt. Die Zeit der warmen Pullover und der langen Unterhosen ist wieder da. Es ist die Zeit, die ich... nicht gerade liebe.

Aber wie jede und alle Zeit im Leben, so muss man auch diese Zeit akzeptieren. Ich liebe es schon, durch den Schnee zu gehen, die knirschenden Geräusche zu hören, die jeder Schritt erzeugt, und die klare und kalte Luft zu inhalieren. Es schaut ja auch schön aus, wenn der Schnee wie mit kleinen Wattebäuschen auf den Ästen der Bäume liegt. Es schaut auch schön und lustig aus, wenn in Nachbars Garten, auf der sonst grünen Wiese, plötzlich ein großer Schneemann, mit einer riesigen roten Rübe als Nase, und mit einem großen Kochtopf als Hut, die Attraktion der Straße ist.

Auch die wunderbaren Eiskristalle an den Glasfenstern der Häuser strahlen etwas Mystisches aus, oder sie sehen nach moderner Malerei aus. Wie oft habe ich als Kind meine Nase an der Fensterscheibe von innen plattgedrückt, um zu sehen, wie durch die erzeugte Wärme, aus diesen Eiskristallen andere Muster und Gebilde entstanden, während sie langsam und bedächtig schmolzen. Ja, der Winter hat auch etwas Schönes an sich. So wie es scheint, ist das Schlechte manchmal gar nicht so schlecht, wenn man es akzeptiert, …es ist wie es ist, einfach da.

Wo bleibt Ramses nur? Ich habe extra meine Brotreste, und ein paar kleingeschnittene Äpfel, hier hinterm Haus zerstreut. Es ist ja nicht leicht für ihn, jetzt, im Winter, ausreichend Futter zu bekommen. Es wird ihm doch nichts passiert sein?

Morgen werde ich 99. Wahnsinn, 99 Jahre lebe ich jetzt auf dieser Welt. 99 bewegte und ereignisreiche Jahre. Ich habe in meinem Leben so manches tiefe Tal durchschritten, so manchen reißenden Fluss überquert, und auch so manchen steilen Gipfel erklommen, um dann wieder abzustürzen. „That`s Live!"

Doch dieses ständige „Auf und Nieder", formt einen Menschen, macht einen Menschen erst stark, macht einen Menschen autark. Man lernt mit dem scheinbar Negativen umzugehen, lernt das Negative abzuschütteln, oder auch im Negativen noch etwas Positives zu sehen, denn alles Negative, was der Mensch im Laufe der Jahre durchlebt, oder erlebt, ist bei genauer Betrachtung auch etwas Positives.

Doch den Sinn des Lebens zu ergründen, überlasse ich den Denkern und Philosophen dieser Erde. Was bleibt einem alten Mann in diesem Alter? Immer nur der Rückblick in die Vergangenheit, denn eine Zukunft hat er nicht. Doch... wer weiß? Mit siebzig habe ich mir schon einmal eine Zukunft nicht mehr vorstellen können. Jetzt bin ich fast Einhundert, faszinierend!

„.... das solltest du aber heute tun, alter Professor, stelle dir eine Zukunft vor, denke doch an das Morgen, an das Übermorgen, an die nächste Woche, oder denke an das nächste Jahr. Jetzt habe ich dich erschreckt, nicht wahr."

„Endlich bist du da, habe mir schon Sorgen gemacht."

„Wie sagt ihr Menschen immer...ich komme auf leisen Sohlen daher...ich komme mit leisen Flügelschlägen. Schön, dass du an mich und an meine Schar gedacht hast...hab` schon gesehen. Vielen Dank für das Essen, sehr lieb von dir."

„Es ist Winter, Ramses. Für euch wird es immer schwerer in dieser Jahreszeit, nach Futter zu suchen. Ich liebe dich, dich und deine Schar, und für Lebewesen, die ich liebe, bin ich immer da."

„Auch ich liebe dich, alter Mann. Womit wir für heute ein interessantes Thema aufschlagen können. Oder? Ich frage mich schon immer, was ist Liebe? Du hast mir viel erzählt von der Liebe, aber du hast mir noch nie erklärt, was die Liebe wirklich ist."

„Ramses, es ist verdammt schwer, dir das zu erklären. Liebe ist, laut wissenschaftlicher Analyse, ein starkes Gefühl der Zuneigung für ein Lebewesen zu empfinden. Liebe ist, jemandem einen Gefallen zu tun, ihm eine Nettigkeit zu geben, oder einen Freundschaftsdienst zu erweisen. Bei Menschen beinhaltet die Liebe auch eine körperliche, erotische, sexuelle Gefühlsbeziehung."

„Also um die Nachkommenschaft zu sichern?"

„Nicht nur zwecks der Nachkommenschaft. Lieben heißt auch, jemandem tiefe Gefühle der Zuneigung entgegenbringen, und dazu gehört, ihn auch sexuell und körperlich anziehend zu finden, Ramses."

„Also jemanden mögen?"

„Jemanden zu mögen, heißt noch lange nicht ihn zu lieben, alte Krähe. Vielleicht ist es in deiner Welt anders."

„Aber ich mag dich, alter Professor!"

„Du empfindest Sympathie, deshalb magst du mich.........

„......und ich liebe dich, wegen deiner Opferbereitschaft und Güte, weil du mich akzeptierst so wie ich bin, weil du mich tolerierst wie ich bin, weil du mich Ramses sein lässt."

„Danke Ramses, ...du hast es so langsam kapiert! Liebe ist auf Erden die größte Macht. Man muss sich nur öffnen dafür, und sie nutzen."

„...und wie Professor?"

„Höre auf dein Herz, Ramses, denn wenn du deinem Herzen folgst, kannst du die Liebe auch leben. Die Liebe ist das verbindende Element im Leben, und erhält alles am Leben, Freundschaften und Partnerschaften sowieso."

„Warum zitterst du so?"

„Ich friere ein bisschen Ramses, da helfen auch keine langen Unterhosen, ich muss mich ein wenig bewegen."

Ein paar kleine Schneeflocken erreichen mein Gesicht, während ich einen vorsichtigen Schritt mache. Man muss sehr aufpassen in meinem Alter, aufpassen dass man nicht ausrutscht. Sollte etwas Salz streuen, denn fallen ist, für einen alten Menschen, mit meist obligatorischen Folgen verbunden. Das kann ich mir nicht leisten, plötzlich eine gebrochene Haxe zu haben. In meinem

Alter, wachsen die Knochen nicht mehr so schnell zusammen. Außerdem bin ich allein auf mich gestellt.

Ich sehe wie Ramses mit einem heftigen Kopfnicken ein Stück Brot aufpickt, und freue mich darüber. Er hat bestimmt sehr großen Hunger, der Kleine. Auch die Apfelstückchen scheinen ihm zu schmecken. Mir schmeckt seit ein paar Tagen nichts mehr. Habe auch kein Hungergefühl, denn es scheint mir, dass mein Magen, und auch der Darm, überfüllt sind. Vielleicht sollte ich mir mal einen Termin geben lassen bei meinem Hausarzt. Irgendetwas stimmt nicht mehr.

Ramses pickt immer noch, als wenn er ausgehungert ist. Das Thema „Liebe", scheint bei ihm abgeschlossen zu sein. Dabei gäbe es noch so Vieles über Liebe zu erzählen. Über all diese Gefühle die uns die Liebe beschert, über das Schweben bis auf Wolke sieben, wenn man liebt. Verdammt lange her.

„Du schaust traurig drein, alter Freund"

„Ich habe gerade an die vielen Gefühle gedacht, die uns die Liebe schenkt, und mir persönlich schenkte."

„Fehlen sie dir?"

„Nein, Ramses, sie fehlen mir nicht. Ich trage sie doch immer noch in mir, ganz tief in mir."

„Es ist doch schon so lange her, alter Freund, und….

„Sehr, sehr lange her. Du wolltest fragen, warum ich nicht

vergessen kann?"

„Weil es so tief in dir ist?"

„Ja, weil es tief in mir ist, weil es die wirkliche Liebe war, und von dieser werde ich erst mit dem letzten Atemzug loslassen."

„Mein Gott, alter Freund, muss diese Liebe stark gewesen sein."

„Ja, Ramses, dass war sie, eine sagenhaft tiefe Verbindung. Es ist jetzt schon so lange her, aber die Flamme in mir brennt noch immer."

Ramses setzt sich auf meine Schulter, knabbert wie immer an meinem Ohrläppchen, und ich höre seinen leisen Flüsterton:

„Du bist ein alter Romantiker, Professor. Könnte ich nur einmal so romantisch sein wie du. Ich muss los, danke nochmals für das Essen."

Wieder zwei Flügelschläge, und Ramses fliegt mit einem lauten Krähen davon.

Langsam und vorsichtig gehe ich ins Haus zurück. Brauche etwas Warmes zu trinken, denn ich friere erbärmlich.

Jetzt wäre ein Tee mit Rum recht. Ganz früher, bei der Marine, da habe ich Tee mit Rum ohne Tee getrunken. Wäre heute für mich tödlich.

Ich sollte mich etwas hinlegen, fühle mich ein wenig schwindlig. Der Kreislauf macht mir zu schaffen. Aber lege ich mich am Tag hin, dann habe ich immer diese Tagträume. Manche sind makaber und traurig, aber manche sind auch wunderschön, so wie der, den ich gestern hatte:

Tagtraum

Unsere braunen Körper liegen eng umschlungen in einer Lagune im samtweichen Sand. Die ganze Landschaft um uns herum, und auch der Horizont, ist in den verschiedensten silbernen Farbtönen eingetaucht. Das Wasser des Sees leuchtet ebenfalls silbern, und die kleinen Wellen besprühen uns mit kleinen, silbernen Tropfen, die wie silberne Perlen ausschauen. Sogar in der Luft schwebt ein kleiner silbriger Dunstschleier. Meine Liebe trägt einen silbernen Bikini, der wunderbar zu ihrem braunen Körper passt. Wir küssen und streicheln uns, und beginnen langsam und zärtlich mit unserem Liebesspiel. Plötzlich, nach dem leidenschaftlichen Höhepunkt, verändern sich die silbernen Farbtöne in verschiedenste Farbnuancen, die im Rhythmus unseres Herzschlages ständig wechseln. Ein wundervolles, einmaliges Schauspiel. Gebannt schauen wir diesem Wechsel des Lichtes zu, und sehen dann, wie sich eine weiße Gestalt aus diesem Licht hervorhebt. Wie eine Elfe schwebt sie auf uns zu, schaut uns mit einem gütigen Lächeln an, legt ihre Hände auf unsere Stirn, und flüstert sanft:

„Ich liebe euch, Kinder des Glücks"

Sollte dies eine Botschaft sein? Sollte dies das Ende vom Anfang sein? Würde sie noch leben, so sollte dieses Ende sich mehr als nur herauszögern, es könnte dann noch warten, denn in der Unendlichkeit, wo es keine Zeitbegriffe und Zeitmessungen gibt, ist der Begriff „Anfang" relativ.

Aber vielleicht sind wir in der Unendlichkeit wieder vereint?

Ein neuer Tag mit neuen Herausforderungen, neuer Kreativität, neuem Elan?

Wenn ich mir diese drei Worte anschaue, frage ich mich, ob sie noch einen Sinn ergeben für mich. Die Tage beginnen für mich nicht mit neuen Herausforderungen, welche sollte ich auch noch haben, außer der einzigen Herausforderung, den neuen Tag zu genießen, ihn als einen glücklichen Tag zu betrachten, zu versuchen, so zu leben, und   so zu überleben, ------- glücklich und zufrieden.

Ich würde gerne noch einmal körperlich kreativ sein, kreativ sein, um einiges zu verändern. Doch mein Wunsch bleibt der Vater des Gedankens, ich bin einfach nicht mehr in der Lage großartige Veränderungen zu machen.

Wie gerne würde ich noch einmal meinen Garten umgestalten, etwas Neues pflanzen, es verschönern, für neue Blickwinkel sorgen. Wie gerne würde ich die Außenfassade des Hauses interessanter gestalten, so richtig mit knalliger Farbe, zum Schock meiner Nachbarn.

„Jetzt spinnt er, der Alte", könnten die dann sagen.

Wie gerne würde ich auch noch einmal im Haus, in den Zimmern, etwas verändern. Man sieht sich ja nach einiger Zeit satt an der alten Ordnung. Alles steht ja schon jahrelang, wenn nicht schon Jahrzehnte so herum. Aber auch bei dieser Arbeit würde mein Körper wohl nicht mehr mitmachen, oder durchhalten.

Elan, was heißt Elan. Der Elan, nach dem Wachwerden aufzustehen, verlangt die Kraft eines ganzen Tages. Nur mein eiserner Wille zwingt meinen Körper zu dieser, wie ich jetzt immer sage, sportlichen Großleistung. Schwung, Begeisterung, oder Energie, hält sich mehr als zurück. Ich möchte manchmal einfach liegen bleiben, liegend den Sonnenaufgang betrachten, liegend den Stimmen der Natur lauschen.

Die einzige Kreativität, ist mein Schreiben, ist das Aufschreiben meiner Gedanken, und das sind nicht gerade wenige. Dieses Schreiben ist für mich eine einzigartige Leistung. Hierbei laufe ich zur Höchstform auf, sind doch diese Gedanken der Antrieb meiner geistigen Kreativität. Mein Gehirn funktioniert noch. Außerdem ist es
doch interessant in der Vergangenheit herumzuschnüffeln, Vergleiche anzustellen, und das Für und das Wieder abzuwägen.

Ja, Ja, jetzt im Alter denkt man so anders über viele Dinge, die gewesen, allerding ändern, ändern kann man die nicht, aber manchmal ist es schon lustig, über die Fehler der Jugend, im Alter Lachen zu können, es trägt doch eine Menge Humor in sich.

Heute ist wieder so ein Tag wo ich bemerke, dass mein Körper alt wird, sehr alt wird. Es ist auch nicht das Verschulden des Wetters, es wird ja als Ausrede immer benutzt. Alles zwickt, von den Füßen angefangen bis zu den Zähnen, d.h. bis zu den Stummeln. Ich werde heute nicht ins Freie gehen. Ramses wird auf unsere Unterhaltung verzichten müssen. Mir liegt heute viel daran, noch einige Gedanken aufzuschreiben. „Für wen"? Ja für wen, das frage ich mich öfters. Nun, meine Ur-ur-Nichte, die mit der Stammbaumerstellung, wird wohl als einzige vielleicht ein Interesse daran zeigen.

Obwohl, der Kontakt hat sich nach der Fertigstellung des Stammbaumes, enorm verringert, ist fast schon gestorben. War wohl nichts mit der herzlichen Verwandtschaftsliebe.

Aber es tut mir nicht weh. Ganz früher hätte ich anders darüber gedacht, wäre Fuchs Teufels wild geworden, und hätte Himmel und Erde in Bewegung gesetzt, um diesen Kontakt aufrecht zu halten. Heute denke ich mir: "Was solls, wenn sie nicht will, dann will sie nicht." Junge Menschen haben andere Vorstellungen von Wertschätzung. Es wird sich aber ändern, wenn das Alter sich langsam heranschleicht.

Mir ist nicht gut. Es ist nicht nur das Zwicken, es ist ein ganzkörperliches Unwohlsein, dazu diese schläfrige Müdigkeit. Ich werde doch noch einmal vors Haus gehen und ein wenig frische Luft schnappen. Vielleicht ist Ramses noch da, denn ein Tag ohne Ramses, ist schon fast ein verlorener Tag.

Nein, Ramses ist nicht da. Mein Blick fällt auf den kleinen Beistelltisch, der immer neben der Liege steht.

------ Was sehe ich denn da? Einen kleinen Haufen, und einen größeren Klecks. Hat doch diese Krähe tatsächlich…oh, oh……

Ramses war wohl beleidigt, weil er mich nicht antraf. O.K. Ramses, ich verstehe. Morgen ist auch noch ein Tag, und dann werden wir über diese kleine Hinterlassenschaft von dir diskutieren. Wehe, wenn du dann deine Ohren auf Durchzug stellst.

Ich sitze hier in der Wohnküche, und vor mir liegen diese, fein säuberlich geschriebenen und ausgedruckten Blätter, und....... ich bin überwältigt davon. Mir kommen plötzlich die Tränen, und ich muss heftig schnäuzen. Die Erinnerung an diesen alten Mann, meinen Manni-Opi, wie ich ihn nannte, halten mich gefangen, und ich sehe ihn plötzlich hier in der Küche stehen. Ein bisschen zusammengeschrumpft, sich am Krückstock festhaltend, aber immer mit einem Lächeln im Gesicht. Dieses gütige, allwissende Lächeln. Er sieht mich an mit seinen, trotz des Alters, klaren Augen, ich fühle seine manchmal zitterige Hand mein Haar streicheln, und ich höre seine sonore Stimme sagen: „Hallo Kleine". Er nannte mich immer so, als Kleinkind, als junger Teenager, und auch als verheiratete Frau und Mutter. Er kannte mich von Geburt an, und da ich väterlicherseits keinen Großvater hatte, war er eben mein Großvater.

Doch ich glaube, ich sollte ganz von vorne anfangen.

Mein Name ist Susanne Dorfner, geb. Gruber. Ich bin in dieser Ortschaft geboren, groß und erwachsen geworden, und vielleicht werde ich auch hier sterben. Ich liebe meinen Heimatort, erlebte ich hier doch eine wundervolle und freie Jugend, eine Jugend mit viel Liebe, fand auch hier meine große Liebe, und hier wurde ich auch Mutter.

Die größte Hilfe bekam ich immer von ihm. Hilfe, in jeder verzwickten Lage, in der mich mein Eigensinn und Freiheitsdrang brachte. Manni-Opi war da, und hatte immer eine Lösung bereit. Schimpfte meine Mutter cholerisch, ging ich zu ihm, und er erklärte mir mit ruhigen und feinen Worten, warum meine Mutter schimpfte, und warum ich diesen Fehler nicht noch einmal machen sollte. Meine Verzweiflung wich einem inneren Frieden, verstand mich doch Manni-Opi immer.

Ich kann mich noch genau an das erste Mobbing in der Schule erinnern. Wir waren nicht gerade die reichsten Leute im Ort, und meine Mutter drehte jeden Cent zweimal herum. Gerade was Kleidung betraf, konnten wir uns keine Markenkleidung leisten. Ich trug also Sneakers der Marke „No Name", und wurde deshalb gehänselt. Fürchterlich traurig besuchte ich Manni-Opi, und weinte Sturzbäche von Tränen. Er schaute mich an, nahm mich in den Arm und stellte ganz nüchtern und sachlich fest:

„Meine Kleine, wichtig ist, wer die Sneakers trägt, und nicht, welche Marke die Sneakers haben. Denke daran, du bist du, und keine andere Person, die kostenlos Reklame läuft für ein paar Schuhe, die maßlos überteuert sind und mit denen jeder Hans Wurst herumläuft oder herumlaufen möchte".

Dann gab es eine Kehrtwendung:

Das mit der Überteuerung hatte ich mir gemerkt, und fand mit der Zeit viele gleichdenkende Schulkameradinnen. Plötzlich war „No Name" gefragt.

Mein Mann und ich, wir haben dieses Anwesen ersteigert, d.h. wir waren die einzigen, die am festgelegten Termin da waren, und erhielten zu günstigen Bedingungen den Zuschlag. Es ist ein altes Haus, doch in seinen Mauern stecken wunderschöne Erinnerungen. Für beide. Ich denke da auch an die Vorstellung meines jetzigen Mannes, und das Gespräch mit Manni-Opi. Wie sagte er damals:

„Kleines, es wäre schön, wenn du mir deinen Deckel vorstellst".

Auf meinen fragenden Blick hin, lächelte er verschmitzt, und sagte:

„Ich möchten den jungen Mann kennenlernen, der dich gezähmt und erobert hat. Ich habe festgestellt, dass aus meinem kleinen Wildfang, eine junge, verliebte Dame geworden ist. Ich sehe es an deiner Gestik, sehe es an deinem Gang, und ich sehe es in deinem Gesicht".

So kam es zum Kontakt, und danach umarmte er mich, strich mir durch das Haar, und murmelte:

„Jeder Topf findet seinen Deckel. Halt ihn fest Kleines, dein Deckel, er passt wirklich zu dir".

Das ist jetzt schon einige Zeit her. Wir werden einiges verändern müssen, hier im Haus.

Das Computerzimmer, wird ein Kinderzimmer werden. Ebenso das Musikzimmer. Hier hörte ich zum ersten Mal die Blues, und die Rock Musik, die ich bis heute noch liebe. Die Küche werden wir komplett umgestalten und erneuern. So wie sie ist, ist sie zwar funktional eingerichtet, für Manni-Opi war sie genau richtig, doch entspricht sie schon lange nicht mehr dem Standard von heute.

Wie oft standen wir gemeinsam am Herd um all die leckeren, und schmackhaften Sachen zu kochen. In meinen Teenager Jahren, erklärte er mir all seine Gerichte, die er gerne kochte. Er war, in meinen Augen, ein kleiner Kochkünstler, und gewährte mir einen Einblick über die unterschiedlichsten Gewürze, die er für sein Essen benötigte. Es waren nie überkanditelte Mahlzeiten, aber der Geschmack war der eines „Gourmet Essens". Ein Wirsching, oder Karottengemüse, schmeckte bei ihm wie ein Gala Essen. Dank ihm bin ich heute eine ganz passable Köchin.

„Opi, wo hast du das alles gelernt?", fragte ich, und er antwortete:

„Kleines, meine Mutter und meine Großmutter, waren große Kochkünstlerinnen. Sie zauberten aus den wenigen Zutaten, die ihnen zur Verfügung standen, ein leckeres Essen. Man kann sagen, sie wurden aus der Not heraus Kochkünstlerinnen.

Damals nach dem großen Krieg, gab es nichts, und man musste mit wenig auskommen. Da wurde man zwangsläufig zum Kochkünstler. Ich habe meiner Mutter viel über die Schulter geschaut, viele wissbegierige Fragen gestellt. Davon kann ich heute profitieren, denn bei meinem Budget, das ich zur Verfügung habe, kann ich keine großen Sprünge machen."

Und dann gibt es ja noch das Schlafzimmer. „Mein Afrika-Zimmer", sagte er immer, denn einer seiner größten Wünsche war, einmal quer durch Afrika eine Reise zu machen. Mit viel Liebe hatte er diesen Raum eingerichtet. Was war ich damals ängstlich als ich diese geschnitzten Masken sah, die überall verteilt an der Wand hingen. Diese Masken, mit ihren furchteinflößenden Grimassen, und ihrer schauderhaften Bemalung.

Ich erinnere mich gut, wie er mir von der ein oder anderen Eroberung dieser Masken erzählte. Er hat etliche auf den Flohmärkten erstanden...da ging er gern hin, als er noch konnte und vitaler war.

„Du brauchst keine Angst zu haben, Kleine, sagte er immer wieder, diese Masken haben etwas sehr Positives, sie dienen der Abschreckung, der Abschreckung von bösen Geistern. Die Menschen dort unten in Afrika glauben an Geister und Dämonen, fertigen deshalb die Masken an, und hängen sie in ihre Schlafräume an die Wand. Das hilft für einen gesunden und guten Schlaf, denn die bösen Geister werden durch diese Masken ebenfalls erschreckt, und bleiben dem Raum fern. Ich glaube zwar nicht an Geister und Dämonen, aber gesund und tief schlafen kann ich schon".

Manni-Opi war mit einem guten, tiefen Schlaf gesegnet, das war sehr außergewöhnlich für einen alten Menschen, die ja eher von einer senilen Bettflucht reden oder von immer kürzeren Schlafphasen.

Manni-Opi`s Nächte waren gesegnet und wurden mitunter erst von meinem Klingeln oder von Geräuschen des beginnenden Tages beendet …was für ein Segen. Somit hatten und haben diese Masken auch für ihn ihren Sinn gehabt.

Auch im Badezimmer, was wir renovieren müssen, stand und lag noch alles so da, als wenn er in der nächsten Sekunde erscheinen würde, um zu duschen, oder sich zu rasieren. Die übergroßen Badetücher hingen noch immer korrekt, farblich verteilt, nebeneinander am Haken. Das blaue für die Haare, das weiße für das Gesicht, das rote für den Körper, und das schwarze für die Füße. Das war seine ganz besondere Eigenart.

„Meine Macke", sagte er dazu.

Der Föhn, nebst Bürste, lag so wie immer auf dem kleinen Schränkchen unter dem Waschbecken, und sein Rasierzeug mit all den Utensilien, die ein Mann wahrscheinlich zum Rasieren braucht, standen korrekt in einer Linie unter dem großen Spiegel auf der Ablage aus Glas.

Ich putzte ja das Badezimmer, aber ich durfte nie diese Ordnung, seine ganz besondere Ordnung, verändern oder durcheinanderbringen. Das Wegnehmen, und das wieder Hinstellen, das war allein seine Aufgabe, da ließ er niemanden ran, und es dauerte manchmal sehr lange, bis er all diese Utensilien wieder an den richtigen Platz gestellt oder gelegt hatte. Er tat dies mit äußerster Sorgfalt. Einen solchen Pedant, hatte ich in meinem ganzen Leben noch nicht kennen gelernt. Ich sagte einmal zu ihm:

„Ein bisschen schneller könntest du es schon erledigen Opi."

Ich wollte mit der Arbeit fertig werden, da ich eine Verabredung hatte.

„Kleines, ich weiß. Aber, jetzt sag´ ich dir etwas: weißt du, du tust viele Dinge im Leben, absichtlich oder unabsichtlich, mit Bedacht, oder ohne Bedacht, denn viele Dinge im Leben tut man einfach, weil man sie tun muss, doch eins ist vorbestimmt: Alles, was du tust im Leben, wirst du irgendwann einmal zum letzten Mal tun. Das einzig Gute daran ist, du wirst nie wissen wann es ist, wenn du es das letzte Mal tust. Diese Erkenntnis solltest du für den Rest deines Lebens nicht vergessen."

Über diese Sätze habe ich oft nachgedacht und jetzt im Alter verstehe ich, was er damit meinte, mein Manni-Opi; Wir hasten durch das Leben, erledigen Sachen, während wir schon mit der Nächsten im Kopf beschäftigt sind. So vergeht die Zeit, verstreichen die Tage, vergehen Stunden und Minuten, ohne, dass wir wirklich darauf achten, was wir tun. Wir leben zu wenig im Hier und Jetzt! Heute spricht man von Achtsamkeit. Es gibt Workshops dazu, Vorträge und Wochenendseminare. Manni Opi hat genau diese Bedeutung gemeint und es für sich schon lange erkannt und damit gelebt.

Was ist denn das für einen Krach da draußen?

Ein fürchterlich lautes, dauerhaftes, fast schon wehleidiges Gekrächzte es, klingt fast schon schmerzhaft in den Ohren. Ich bewege mich nach draußen, gehe um die Ecke, dorthin, wo immer diese höhergelegte Sonnenliege stand.

Das muss Ramses sein, der da, ein wenig zerzaust aussehend, auf dem Eckpfosten des Zauns sitzend, sein Konzert gibt. So wird es auch gewesen sein, als man die Feuerwehr und auch die Polizei rief. Familie Bauer, die Nachbarn, fanden diesen Lärm überhaupt nicht witzig, und als dieser den ganzen Tag, und auch die halbe Nacht anhielt, riefen sie die Polizei. Man klingelte an der Haustür, aber niemand öffnete. Man holte die Feuerwehr, die brach die Tür auf, und man fand den alten Man in seinem Schlafzimmer, in seinem Afrikazimmer, friedlich daliegen, mit zusammengefalteten Händen vor der Brust, und ein zufriedenes Lächeln um seine Mundwinkel, so als würde er sich auf eine lange, nicht wiederkehrende Reise nach Afrika befinden.

Ja, Ramses, wenn du und deine Schar nicht diesen Krach veranstaltet hätten, wäre Manni-Opi wohl nicht so früh gefunden worden.

Ich danke dir dafür, und ich hoffe, dass auch wir Freunde werden. Ich werde mir viel Zeit dafür nehmen, werde versuchen deine Sprache zu erlernen, damit auch ich dich verstehen kann und wir uns vertraut werden. Dann hoffe ich auf lange Unterhaltungen. Ich weiß, du bist traurig, aber ich bin es auch. Wir vermissen ihn beide, nicht wahr! Der alte Mann, Verzeihung, der alte Professor, wird uns noch lange im Gedächtnis, und für immer im Herzen bleiben.

Sein größter Wunsch ist ihm erfüllt worden: „Eine dreistellige Lebenszahl hat er erreicht".

Es ist, als ob Ramses, der Krähenkönig, auch mich verstehen würde. Mit großen Augen schaut er mich an, öffnet seinen Schnabel, und ein letzter, lauter Schrei, bevor er abhebt, erfüllt die Luft. Es ist, als ob er sich für immer von Manni-Opi verabschieden würde. „Auf Wiedersehen „Ramses"!

Der Autor:

Manfred Deuss, Jahrgang 1942, also ein Kriegsurlaubskind, wurde in Neuss/Rhein, am kältesten Wintertag des Jahres, geboren. Er erlebte die Nachkriegszeit, das beginnende Wirtschaftswunder, und auch den steigenden Konsumbedarf in den darauffolgenden Jahren.

Erst im fortgeschrittenen Alter, zu Ende seiner Zeit als Berufsmusiker, griff er zur Feder, um von all den kleinen Geschichten, die das Leben so mit sich bringt, zu erzählen.

Geschichten und Erzählungen aus dem Leben unbedeutender Menschen, die ihr Leben versuchten, und immer noch versuchen, in den Griff zu bekommen.

In seinen Erzählungen und Kurzgeschichten schreibt er sozialkritisch, in lustigen, manchmal traurigen, und auch in erotischen Varianten, über seine Erlebnisse in jungen Jahren.

Zeitfracht Medien GmbH
Ferdinand-Jühlke-Straße 7
99095 Erfurt, Deutschland
produktsicherheit@kolibri360.de